Em que o Vaticano II mudou a Igreja

AGENOR BRIGHENTI

Em que o Vaticano II mudou a Igreja

Dados Internacionais de Catalogação na Publicação (CIP)
(Câmara Brasileira do Livro, SP, Brasil)

Brighenti, Agenor
Em que o Vaticano II mudou a Igreja / Agenor Brighenti. – São
Paulo : Paulinas, 2016. – (Coleção Revisitar o Concílio)

ISBN 978-85-356-4047-2

1. Concílio Vaticano (2. : 1962-1965) - História 2. Documentos
oficiais 3. Ecumenismo 4. Igreja Católica - História - Século 20
I. Título. II. Série.

15-10239   CDD-262.52

Índice para catálogo sistemático:
1. Concílio Vaticano 2º : História   262.52

1ª edição – 2016

Direção-geral:
Bernadete Boff

Editores responsáveis:
Vera Ivanise Bombonatto
Antonio Francisco Lelo

Copidesque:
Cirano Dias Pelin

Coordenação de revisão:
Marina Mendonça

Revisão:
Sandra Sinzato

Gerente de produção:
Felício Calegaro Neto

Diagramação:
Irene Asato Ruiz

Capa:
©Manhhai, Flickr, 2013

*Nenhuma parte desta obra poderá ser reproduzida ou transmitida
por qualquer forma e/ou quaisquer meios (eletrônico ou mecânico,
incluindo fotocópia e gravação) ou arquivada em qualquer sistema ou
banco de dados sem permissão escrita da Editora. Direitos reservados.*

Paulinas
Rua Dona Inácia Uchoa, 62
04110-020 – São Paulo – SP (Brasil)
Tel.: (11) 2125-3500
http://www.paulinas.org.br – editora@paulinas.com.br
Telemarketing e SAC: 0800-7010081
© Pia Sociedade Filhas de São Paulo – São Paulo, 2016

Sumário

Siglas 6

Introdução 7

1. Da Cristandade à Modernidade 15

2. Da Contrarreforma a uma profunda
renovação da Igreja 23

3. Do binômio clero-leigos a comunidade-ministérios 29

4. Do sacerdote celebrante a uma assembleia sacerdotal 37

5. De uma Igreja-massa a uma Igreja-comunidade 43

6. De uma Igreja universalista
a uma Igreja de Igrejas locais 49

7. Do bispo colaborador do papa
à colegialidade episcopal 55

8. Da salvação da alma à salvação da pessoa inteira 61

9. Da sacramentalização à evangelização integral 67

10. Da *fuga mundi* à inserção no mundo 73

11. Da apologia ao diálogo e serviço ao mundo 79

12. De uma Igreja de prestígio e poder
a uma Igreja pobre 85

13. Do eclesiocentrismo à salvação
também fora da Igreja 91

14. Do exclusivismo católico ao ecumenismo 97

15. Da única religião verdadeira
ao diálogo inter-religioso 103

Considerações finais 109

Referências 115

Siglas

AA	*Apostolicam Actuositatem*
AG	*Ad Gentes*
CA	*Centesimus Annus*
CD	*Christus Dominus*
DAp	Documento de Aparecida
DH	*Dignitatis Humanae*
DI	*Dominus Iesus*
DM	Diálogo e Missão
DV	*Dei Verbum*
EG	*Evangelii Gaudium*
EN	*Evangelii Nuntiandi*
ES	*Ecclesiam Suam*
GS	*Gaudium et Spes*
LG	*Lumen Gentium*
Med	Documentos de Medellín
MM	*Mater et Magistra*
NA	*Nostra Aetate*
NMI	*Novo Millennio Ineunte*
PO	*Presbyterorum Ordinis*
PP	*Populorum Progressio*
RH	*Redemptor Hominis*
SC	*Sacrosanctum Concilium*
SD	Documento de Santo Domingo
UR	*Unitatis Redintegratio*
UUS	*Ut Unum Sint*

Introdução

> As alegrias e as esperanças, as tristezas e as angústias dos homens de hoje, sobretudo dos pobres e dos que sofrem, são também as alegrias e as esperanças, as tristezas e as angústias dos discípulos de Cristo (*GS* 1).

Com o Vaticano II, enfim, uma Igreja solidária com a humanidade, em especial com os pobres e os que sofrem, depois de quase cinco séculos na contramão da história do mundo moderno. Mudanças, profundas e desafiadoras, "continuidade-descontinuidade" – eis a chave hermenêutica mais adequada para ler os dezesseis documentos do maior evento eclesial do século XX, "uma bússola segura para nos orientar no caminho do século que começa" (*NMI* 57), no dizer do Papa João Paulo II. De uma Contrarreforma à Reforma Protestante de Lutero, a Igreja Católica, finalmente, fez uma profunda reforma, *ad intra* e *ad extra*, um *aggiornamento* em todos os campos, na teologia e nas práticas, em sua autocompreensão e em seu posicionamento no mundo, com relação às ciências, às Igrejas e às religiões. Tudo isso graças aos movimentos precursores do Concílio, à nova sensibilidade introduzida na Cúria Romana pelo Papa João XXIII, à sabedoria e ousadia do Papa Paulo VI na democrática condução das discussões e, sobretudo, à dedicação e esforço incansável dos padres conciliares e das centenas de peritos envolvidos nas diversas comissões de trabalho.

Agora, por ocasião do cinquentenário do Vaticano II (1962-1965), a oportunidade de revisitar este *kairós*, com repercussões para além das fronteiras eclesiais. Ele continua evocando mudanças, reformas, resposta a novos desafios, escuta dos novos "sinais dos tempos", enfim, soa ainda um forte convite a continuar fazendo história de salvação, na ambiguidade da história da humanidade. Em seu momento, o evento provocou desconforto em muitos, esperança em outros e, sobretudo, surpresa para todos. Hoje, passados cinquenta anos, o Vaticano II continua atual e desafiando a Igreja a continuar o caminho de sua renovação, em certa medida obstruído por nostalgias de um passado sem retorno, sobretudo nas últimas três décadas.

Uma grata surpresa

Com relação ao Vaticano II, as surpresas começaram com a inusitada eleição do Papa João XXIII, o homem certo no lugar certo para levar a Igreja a fazer a passagem da Cristandade à Modernidade, ainda que com quinhentos anos de atraso. Surpresa, sobretudo, o anúncio do "Papa bom", antes mesmo de completar noventa dias de sua eleição, da convocação de um concílio, "trêmulo de emoção, mas ao mesmo tempo com humilde coragem e decisão",[1] tal como ele se expressou naquele 25 de janeiro de 1959 na Basílica de São Paulo Extramuros.

Embora o movimento bíblico, o movimento patrístico, o movimento teológico, o movimento litúrgico, o movimento catequético, o movimento dos padres operários, o movimento ecumênico e outros já estivessem antecipando muito do que depois o Vaticano II proporia como pauta de

---

[1] Cf. JOÃO XXIII. Anúncio do Concílio na homilia proferida na Basílica de São Paulo, Roma, no dia 25 de janeiro de 1959.

renovação para toda a Igreja, o anúncio não teve muito impacto na Cúria Romana e mesmo entre os bispos em comparação com a vibração dos meios extracatólicos[2] e extraeclesiais. Foi durante o próprio evento que os padres conciliares foram aderindo às intuições de João XXIII, estreitamente sintonizadas com o mundo moderno, abrindo-se aos novos sinais dos tempos e tecendo os dezesseis documentos, que guardam as intuições básicas e os eixos fundamentais de uma nova autoconsciência da Igreja.

Além do inesperado da hora, o anúncio da convocação do Vaticano II foi uma surpresa, também, pelo tipo de concílio que o Papa João XXIII tinha em mente, segundo ele, "depois de muito refletir e rezar". Ele queria um concílio não para concluir o inacabado Vaticano I, como muitos esperavam, mas que fizesse uma transição de época, a passagem da "era tridentina" e, em certa medida, da plurissecular "era constantiniana", para a era Moderna.[3] Era hora de "abrir portas e janelas e deixar entrar o ar fresco" de um mundo contra o qual a Igreja havia lutado durante quase cinco séculos.

O perfil de um concílio novo

E como não poderia deixar de ser, o Vaticano II foi um evento de grandes proporções, com profundas repercussões na Igreja e na sociedade, um "novo Pentecostes", conforme o Papa João XXIII registrou na oração oficial do

---

[2]   A boa receptividade nos meios protestantes e ortodoxos deveu-se, em grande medida, à intenção de João XXIII de dar passos concretos no caminho da unidade dos cristãos.

[3]   ALBERIGO, A. *Breve história do Concílio Vaticano II*. Aparecida: Ed. Santuário, 2006. p. 31.

Concílio: "[...] que o Espírito renove em nossa época os prodígios de um novo Pentecostes".

A nova sensibilidade de João XXIII e a convocação de um concílio davam a convicção geral de uma virada profunda no seio da Igreja Católica. Também pelo teor do evento, que o papa queria de um "cunho pastoral", não doutrinário, no sentido de voltado para as novas exigências da presença e da missão evangelizadora da Igreja, no seio do mundo moderno. Portanto, um concílio sobre a Igreja desde a ótica pastoral ou da evangelização. E foi captando esta intuição que o Cardeal Suenens caracterizou muito bem a tarefa do Concílio: uma nova autoconsciência da Igreja em sua esfera *ad intra* e na esfera *ad extra*. Daí o "elemento central" do Concílio: um "magistério de caráter prevalentemente pastoral, que vá ao encontro das necessidades das pessoas do mundo de hoje, mostrando mais a validade da doutrina do que a condenação".[4]

Fundados nas intuições de João XXIII, poderíamos dizer que três elementos interdependentes se tornariam o fio condutor do Concílio: a) O que pode a Igreja oferecer ao mundo de hoje diante dos problemas que ele apresenta? A Igreja precisa e quer ajudar a humanidade a responder a todas as perguntas cruciais de todos os seres humanos, venham elas do campo social ou econômico, político ou cultural, religioso etc. b) Desde onde fala a Igreja quando se pronuncia sobre esses assuntos? Qual é o seu lugar no mundo, na sociedade? Como a Igreja concebe suas relações com o mundo de hoje e sobre que bases deve estabelecer o diálogo com o mesmo? c) Como a Igreja se autocompreende? Será que seu novo

---

[4] Ibid.

lugar de presença no mundo não a obriga a revisar sua própria autocompreensão?

Continuidade e descontinuidade

Foi buscando responder a essas perguntas que o Concílio Vaticano II superou radicalmente o eclesiocentrismo do Catolicismo medieval, bem como o clericalismo e a romanização do Catolicismo tridentino, e elaborou uma nova autocompreensão da Igreja, em diálogo com o mundo moderno, em espírito de serviço, especialmente aos mais pobres. Entretanto, no gradativo processo de involução eclesial das últimas décadas, todos nós somos conhecedores da classificação, por parte de determinados segmentos da Igreja que buscam minimizar a profundidade e abrangência da renovação do Vaticano II, de duas hermenêuticas do Concílio: uma, segundo eles, equivocada, a hermenêutica "da descontinuidade e da ruptura", e outra, supostamente correta, a hermenêutica "da renovação na continuidade".[5]

Diante disso, impõe-se a pergunta: a renovação do Vaticano II é "continuidade" ou "ruptura" com a Tradição? A bem da verdade, nem continuidade nem ruptura, mas sim "continuidade-descontinuidade". Por um lado, a renovação conciliar é "continuidade", pois o Vaticano II, por mais inovador que seja, não rompeu com a Tradição da Igreja e, consequentemente, é "continuidade" de muito do que foi sendo recebido, de geração em geração, através dos séculos. Por outro lado, se tudo é continuidade, então não haveria novidade ou mudança, quando, na realidade, o Vaticano II fez uma profunda reforma da Igreja em todos os campos,

---

[5] HUENERMANN, Peter. Silêncio frente ao Concílio Vaticano II? In: *Concilium* 346 (2012/3) 283-296 – aqui, p. 284.

ad intra e *ad extra*, seja na teologia, seja no âmbito das práticas pastorais, assim como das estruturas eclesiais.

É interessante constatar que Paulo VI, na encíclica *Ecclesiam Suam*, fala de "reforma" do Vaticano II e não apenas de "renovação" (*ES* 22-24). Aliás, muitos documentos do Vaticano II usam a mesma linguagem, como a *Sacrosanctum Concilium*, que o tempo todo fala de "reforma litúrgica" (*SC* 1, 3, 5, 14, 20-21, 23-24, 33, 87, 128): "O sagrado Concílio [...], por isso, dever também interessar-se de modo particular pela reforma e incremento da Liturgia" (*SC* 1); ou, ainda, mais adiante: "A santa mãe Igreja, para permitir ao povo cristão um acesso mais seguro à abundância de graça que a Liturgia contém, deseja fazer uma acurada reforma geral da mesma Liturgia" (*SC* 21).

Na realidade, por suas atitudes e práticas, os que concebem o Vaticano II uma hermenêutica "da renovação na continuidade" demonstram que, embora se reivindiquem do Concílio, na prática continuam atrelados à mentalidade e ao modelo de Cristandade ou de neocristandade, ou seja, à larga e esclerosada "era constantiniana", que se prolongou na Igreja Católica até meados do século XX. Ao contrário de uma "volta às fontes" bíblicas e patrísticas, como fez o Concílio, tais segmentos advogam pela "volta ao fundamento", através da fidelidade à Tradição, leia-se, refúgio na doutrina e no tradicionalismo, revelando dificuldade em se desvencilhar das velhas seguranças da Tradição tridentina, tributária de uma racionalidade pré-Moderna, essencialista e metafísica. O Concílio Vaticano II frisou que a Tradição não é um fóssil, é viva, a "tradição" progride (*DV* 8b), está aberta até os finais dos tempos, pois a Igreja é uma realidade divina-humana, carisma-instituição, ou, como diz Bruno Forte, "tradição é a história do Espírito Santo na história do Povo de Deus".

Já os que são acusados, em relação ao Vaticano II, de fazer uma "hermenêutica da ruptura" na realidade estão fazendo uma "hermenêutica da continuidade e da descontinuidade", na medida em que captam muito bem que o Vaticano II se coloca na perspectiva da "volta às fontes" bíblicas e patrísticas, das quais a tradição tridentina havia se distanciado. Há duas formas de revisitar o passado: uma, fazendo dele um refúgio e repetindo-o num presente que o denuncia obsoleto, posição típica dos fundamentalismos e tradicionalismos; outra, fazendo do passado uma refontização, entendendo que a Igreja precisa estar sempre se originando ou, como dizia Dom Helder Camara, ela deve mudar muito para continuar sendo sempre a mesma Igreja de Jesus, que peregrina na precariedade da história.

É na perspectiva de uma hermenêutica do Vaticano II como "continuidade-descontinuidade" em relação à Tradição que, na sequência, vamos apresentar algumas "descontinuidades" do Concílio que mudaram profundamente a Igreja. Selecionamos quinze grandes mudanças que fazem a passagem de posturas ultrapassadas a modos novos de ser Igreja, mais compatíveis com as "fontes" cristãs, ressituadas no contexto do mundo moderno. Para facilitar a leitura, evitaremos notas de rodapé, limitando-nos, neste particular, à indicação de uma bibliografia básica no final deste ensaio. Dentro do texto, indicaremos apenas algumas referências dos próprios documentos do Concílio. Também com o intuito de favorecer uma melhor assimilação do teor das mudanças (descontinuidades) selecionadas, após a caracterização de cada uma delas apresentaremos um pequeno extrato dos documentos do Concílio relativo à mudança em pauta ("Pérola do tesouro do Concílio"), acompanhado de algumas questões que podem servir no caso de uma leitura ou estudo em grupo.

1

Da Cristandade à Modernidade

A Igreja reconhece que progrediu muito e pode progredir com a própria oposição daqueles que a hostilizam e perseguem (*GS* 44b).

Uma grande mudança do Vaticano II, que marca uma descontinuidade com a situação de então da Igreja, diz respeito à sua relação com o projeto civilizacional moderno, fazendo a passagem da Cristandade à Modernidade, da mentalidade medieval à cultura moderna. A Modernidade, que havia deixado para trás a Cristandade medieval, tinha irrompido ainda no início do século XVI. No momento da realização do Concílio, a Igreja estava defasada na história, quase quinhentos anos. Por isso, com razão, João XXIII vai falar do imperativo de um *aggiornamento* da Igreja. Enclausurada em si mesma, diria o Papa Francisco, resgatando H. de Lubac, tínhamos uma Igreja "autorreferencial", posicionamento típico de uma "mentalidade de gueto", uma Igreja refugiada numa espécie de "subcultura eclesiástica".

A emergência de um mundo novo

A revolução cultural desencadeada pelo humanismo e a renascença, passando depois pelo racionalismo, a revolução científica, o empirismo e o Iluminismo, fez a passagem de uma consciência teocêntrica, típica do período de Cristandade, a uma consciência antropocêntrica, característica da Modernidade. Do ponto de vista da racionalidade, operou-se um salto do "mundo das essências", dos argumentos *a priori*, de um procedimento metodológico dedutivo, ao "mundo da existência", da natureza, da física, dos fenômenos, dos argumentos *a posteriori*, alicerçado num procedimento indutivo. Toma-se consciência da contingência do tempo e do espaço, ao quais o ser humano está sujeito, tanto no processo de conhecimento como na formulação da compreensão das coisas e das realidades transcendentes.

Sobretudo a partir do século XVI, a irrupção de novos valores e conquistas colocou a Cristandade medieval em crise, mergulhando a sociedade como um todo em um profundo processo de transformação. Menos a Igreja. Suas autoridades apostavam tratar-se de modismos passageiros e postulavam a manutenção da milenar ordem sociorreligiosa estabelecida. Muitos dos valores da Modernidade, entretanto, já estavam presentes em movimentos reformadores, como o de Lutero, conforme atesta Erasmo de Roterdã. Mas a esses movimentos, diante da intransigência da Igreja, restaram dois caminhos: separarem-se dela ou enquadrarem-se nos parâmetros da Contrarreforma, enquanto a história, à qual pertence a Igreja, continuava seu curso a passos largos, não só sem sua contribuição como com sua oposição.

Como afirma o Cardeal Walter Kasper, "as grandes conquistas da Modernidade se deram fora da Igreja, contra a Igreja, mas fundadas em valores evangélicos". Por falta de um discernimento mais analítico e sereno, consequência da postura de teólogos que se resignavam a repetir um magistério refugiado numa subcultura eclesiástica, a Igreja resolutamente se colocou à margem da emergência do novo projeto civilizacional em curso, imune à interpelação de "novos sinais dos tempos", suscitados pelo Espírito. Sem entender bem o que estava se passando e com medo dos novos desafios, a Igreja refugiou-se em seu castelo, suspendeu as pontes levadiças e excomungou, em bloco, o mundo moderno. Da mesma forma como a Igreja havia excomungado a Reforma Protestante, também excomungou em bloco a Modernidade. Exemplos dessa postura são as encíclicas *Quanta Cura*, acompanhada do *Syllabus*, de Pio IX (1864); *Pascendi Dominici Gregis*, de Pio X (1907); e *Humani Generis*, de Pio XII (1950). A Igreja não hesitará em valer-se até mesmo da força para manter a ordem sociorreligiosa vigente durante o largo período da Cristandade. Diante da debilidade da "força do argumento", recorre-se ao "argumento da força".

Vaticano II: a hora de abrir "portas e janelas" para o mundo

Caberia ao Papa João XXIII abrir a Igreja para o mundo moderno, ainda que a segunda metade do pontificado de Pio XII já se colocasse nesta perspectiva. Na convocação do Concílio, o papa conclamou todos os cristãos, sem medo e com audácia, a acolherem os novos "sinais dos tempos". Havia chegado a hora de fazer um *aggiornamento* da Igreja, de superar a "era constantiniana", inaugurada pelo imperador Constantino (272-337), no século IV, com o *Édito* de Milão, em 313.

Para João XXIII, a urgente tarefa de renovação ou *aggiornamento* da Igreja estava fundada na necessidade de "determinar e distinguir entre o que é princípio, Evangelho, do que é mutabilidade dos tempos" (discurso de abertura). Daí a noção de "evolução do dogma" assumida pelo Concílio, não como mudança da Verdade, mas em sua compreensão e formulação (*GS* 62b), que são sempre contingentes ao "paradigma cultural de uma época" (T. Kuhn). Para isso, era preciso "discernir os sinais dos tempos" (*GS* 11) e, consequentemente, romper com uma racionalidade essencialista, a-histórica e dedutiva, assumindo um procedimento indutivo, capaz de afirmar e acolher a especificidade e a autonomia da história.

Na encíclica *Mater et Magistra*, de 1961, o Papa João XXIII irá introduzir, enfim, no Magistério pontifício, o método "ver-julgar-agir", que J. Cardijn havia plasmado no seio da Juventude Operária Católica (JOC), na Bélgica, em 1925:

> Para levar a realizações concretas os princípios e as diretrizes sociais, passa-se ordinariamente por três fases: estudo da situação; apreciação da mesma à luz desses princípios e diretrizes; exame e determinação do que se pode e deve fazer para aplicar os princípios e as diretrizes à prática, segundo o modo e no grau que a situação permite ou reclama. São os três momentos que habitualmente se exprimem com as palavras seguintes: "ver, julgar e agir" (*MM* 235).

A constituição conciliar *Gaudium et Spes* faria da trilogia de Cardijn seu método de reflexão (leitura dos sinais dos tempos, luzes da revelação, respostas pastorais), com direta influência na origem do método da Teologia da Libertação (mediação socioanalítica, mediação hermenêutica, mediação da práxis).

Culturalmente tarde, mas cedo para a Igreja

Para Y. Congar, entretanto, apesar de, em relação às transformações da sociedade, a convocação de um novo concílio estar chegando bastante tarde, do ponto de vista eclesial e, sobretudo, teológico ela estava ocorrendo vinte anos mais cedo. Mas não para o velho papa, para quem o Concílio estava acontecendo, como disse ele, "no momento exato", numa das "horas históricas da Igreja, aberta a novos impulsos, a patamares mais altos" (JOÃO XXIII. Mensagem radiofônica de 11 de setembro de 1962).

O fato é que João XXIII não queria um concílio para fazer uma nova suma doutrinária nem para responder a todos os problemas emergentes, mas para renovar a Igreja, confrontando-a com a história, sem medo e sem condenações. Para ele, era mais do que hora de levar a Igreja a confrontar-se com "os desvios, as exigências e as oportunidades da Idade Moderna". Era hora de um concílio que possibilitasse um conhecimento mais amplo e objetivo das possibilidades da Igreja com respeito à sociedade e a seu futuro. João XXIII tinha uma visão prospectiva da história e, portanto, olhava para a Igreja visando projetá-la para o futuro, que já havia chegado, que a Igreja continuava atrelada nostalgicamente a um passado sem retorno.

É nesse espírito que, no Discurso de Abertura do Concílio, no dia 11 de outubro de 1962, o papa afirmou corajosamente seu "dever de discordar desses profetas de calamidades, que anunciam acontecimentos sempre nefastos, como se o fim do mundo estivesse chegando". No fundo, "eles não aceitam a história; não acolhem a radical ambiguidade da história". João XXIII, ao contrário, porque amava a humanidade, também amava profundamente a história e queria que a Igreja recuperasse a consciência de estar irreversivelmente imersa nela, somando, servindo, abençoando, acolhendo a obra de Deus em sua ambiguidade.

Para isso, era preciso uma Igreja capaz de interagir com o mundo moderno, condição para a passagem da união entre trono e altar, ao respeito pela autonomia do temporal; a passagem da volta ao passado como refúgio, a revisitá-lo como memória, que nos permite ressituar no presente; enfim, a passagem de uma racionalidade pré-Moderna, dedutiva e essencialista a uma racionalidade histórico-existencial, capaz de colocar a Igreja e a teologia em diálogo com o mundo moderno.

Pérola do tesouro do Concílio

A responsabilidade dos cristãos diante do ateísmo

"Sem dúvida que não estão imunes de culpa todos aqueles que procuram voluntariamente expulsar Deus do seu coração e evitar os problemas religiosos, não seguindo o ditame da própria consciência; mas os próprios crentes, muitas vezes, têm responsabilidade neste ponto. Com efeito, o ateísmo, considerado no seu conjunto, não é um fenômeno originário, antes resulta de várias causas, entre as quais se conta também a reação crítica contra as religiões e, nalguns países, principalmente contra a religião cristã. Pelo que os crentes podem ter tido parte não pequena na gênese do ateísmo, na medida em que, pela negligência na educação da sua fé, ou por exposições falaciosas da doutrina, ou ainda pelas deficiências da sua vida religiosa, moral e social, se pode dizer que antes esconderam do que revelaram o autêntico rosto de Deus e da religião" (*GS* 19c).

Questões para reflexão

1. Que resquícios da Igreja pré-conciliar você vê presentes ainda na Igreja hoje?

2. Por que a Igreja, em certos momentos, mostra dificuldade para caminhar no ritmo da história?

3. Que traços de uma Igreja sintonizada com os "sinais dos tempos" você identifica em sua comunidade eclesial?

2

Da Contrarreforma a uma profunda renovação da Igreja

> A Igreja, reunindo em seu próprio seio os pecadores, ao mesmo tempo santa e sempre necessitada de purificar-se, busca sem cessar a penitência e a renovação (*LG* 8c).

Uma das grandes mudanças do Concílio Vaticano II, que marca uma descontinuidade com a situação de então da Igreja, foi a passagem da Contrarreforma tridentina, em oposição à Reforma de Lutero, a uma profunda reforma da Igreja. Infelizmente, tal reforma sofreu um sério revés nas últimas décadas, com o gradativo processo de "involução eclesial" (I. González Faus), instaurado na Igreja com a legitimação de práticas e posicionamentos de corte pré-conciliar ou de neocristandade. Na América Latina, a *Conferência de Aparecida* e, em âmbito global, o pontificado novo de Francisco retomam a renovação conciliar, dando-lhe novo impulso, acenando para uma possível primavera eclesial.

Na realidade, o Concílio Vaticano II deveria ter acontecido ainda no Concílio de Trento (1545-1563), pois o desejo de uma profunda reforma na Igreja já vinha de longe. Entretanto, o Concílio Tridentino, em lugar de acolher muitas das reivindicações dos reformadores, especialmente de Lutero, fez uma Contrarreforma, desencadeando um processo crescente de "romanização do Catolicismo", que passou pelo Vaticano I (1869-1870) e chegou até o Concílio Vaticano II. Por isso que, para amplos segmentos da Igreja, a convocação do Vaticano II por João XXIII foi uma grande surpresa, até mesmo desagradável, pois em geral dele não se sentia necessidade. A Contrarreforma de Trento, o Vaticano I, os documentos do Magistério pontifício que condenavam os "erros modernos" e a consistente teologia escolástica pareciam referenciais perenes e seguros, a conservar e a defender.

O desejo milenar de "volta às fontes"

Desde o século VIII, dado o distanciamento gradativo do modo como a Igreja primitiva viveu a fé cristã, havia irrompido um movimento de "volta às fontes" (*ad rimini fontes*). A inserção da Igreja na cultura helênica e sua estreita ligação com o Império Romano tinham introduzido muito do paganismo no Cristianismo. O movimento por reforma começou por volta de 783, quando o imperador Carlos Magno uniformizou a prática cristã, segundo a cultura e o estilo franco-germânico. A descaracterização da fé cristã havia ficado mais evidente na liturgia, tanto nas vestes como no rito e em seus conteúdos.

A reação primeira veio de papas e, depois, na virada do primeiro para o segundo milênio, das chamadas ordens mendicantes. Entre elas estava o movimento de São Francisco de Assis, que se sentiu interpelado por Deus: "Francisco, vai e reforma a minha Igreja". Mas a Igreja não só não se reformou como quase condenou Francisco. No século XVI, como advento da Modernidade, surgiu outra forte onda de reivindicação por reformas na Igreja. O movimento mais conhecido foi o denominado Movimento Protestante de Martinho Lutero (1483-1546), que culminou com a publicação de suas 95 teses em 1517 e sua consequente excomunhão, em 1521. Em lugar de fazer reformas, a Igreja convocou o Concílio de Trento e fez uma Contrarreforma, marcada pelo combate aos protestantes e pela defesa de uma doutrina católica, em muitos aspectos esclerosada e caduca. A missa tridentina é um exemplo. Outro é o conhecido Catecismo de Trento, sem falar no lançamento de "uma segunda escolástica", quando as bases filosóficas desse metarrelato teológico faziam água por todos os lados da barca, com a irrupção da racionalidade moderna. Entretanto, impunha-se a necessidade de a verdade passar pela veracidade, isto é, por sua comprovação histórica, de uma verdade menos ontológica e mais existencial.

Na primeira metade do século XX surgiu outra leva de movimentos clamando por reformas e que se constituiriam em precursores do Concílio Vaticano II. Dentre os movimentos mais organizados e conhecidos estavam: o movimento litúrgico, o movimento bíblico, o movimento patrístico, o movimento teológico, o movimento ecumênico, o movimento catequético, o movimento dos padres operários e o movimento leigo. Por incrível que pareça, em 1950 praticamente todos esses movimentos e seus principais representantes foram condenados pelo Papa Pio XII. Já haviam passado mil e duzentos anos de anseios por reformas e pouco ou quase nada tinha sido feito.

Significado e alcance da Reforma de Lutero

A Reforma Protestante se caracteriza por uma série de perturbações sociopolíticas, socioculturais e religiosas que abalaram não somente a Igreja do Ocidente como também os Estados, que seriam profundamente afetados. Coube a Lutero personificar essas aspirações generalizadas num movimento religioso que desembocou na Reforma Protestante, responsável, mas não a única, pelo rompimento interno da Cristandade. A causa fundamental do desfecho da ruptura foi a admissão do princípio do *livre exame*, do critério individual na interpretação das Escrituras, que, em grande parte, resume as principais aspirações tanto do humanismo quanto da Renascença. Até então, partia-se do pressuposto que a razão não é individual, mas coletiva.

A tomada de distância progressiva dos reformadores em relação à Igreja de então traduz uma vontade de autonomia que se manifesta, sob o plano individual, na reivindicação do direito à liberdade de consciência e, sob o plano coletivo, na mobilização das nações da Cristandade e de seus corpos intermediários em prol de uma maior independência em relação a Roma. Na verdade, atrás de Lutero estava a mobilização de todas as forças vivas da Cristandade, tanto no plano político quanto cultural e religioso, clamando por urgentes reformas. Mas o descaso por parte das autoridades religiosas em questão acabaria por jogá-las contra a própria Igreja Católica.

Diante disso, não faltaram vozes que se levantaram do seio da Igreja prevenindo o desastre de uma ruptura iminente. Mas a corrupção e os abusos, presentes em todos os níveis da instituição eclesial, até mesmo na Cúria Romana, teriam um efeito asfixiante em relação às iniciativas de renovação. O debate teológico no seio da instituição se perdia em disputas mesquinhas, entre teólogos de escolas ligadas à escolástica. E o desfecho foi inevitável. Quando a Igreja reagiu, suas respostas não somente chegaram muito tarde como, em seu conjunto, se mostraram totalmente inadequadas. A hierarquia medieval de corpos constituídos e a repartição de suas funções no seio da Igreja pareciam sagradas, e parecia que não poderiam ser tocadas.

Da Contrarreforma à reforma da Igreja

Seria preciso esperar pela figura providencial do Papa João XXIII, um homem sensível às reivindicações por reformas e sintonizado com as exigências dos novos tempos. Para surpresa, sobretudo, da Cúria Romana, João XXIII não só reabilitou todos os movimentos precursores do Vaticano II e seus expoentes, pouco antes condenados, como convocou um concílio para fazer profundas reformas na Igreja. O Vaticano II seria aberto por ele, em 1962, e encerrado pelo Papa Paulo VI em 1965. Finalmente, o desejo alimentado de longa data, de "volta às fontes" bíblicas e patrísticas, estava sendo contemplado.

Quinhentos anos depois, em torno do Concílio Vaticano II, a Igreja Católica finalmente assumiu a crise, entrou em crise e fez um *aggiornamento* de sua autocompreensão ("Igreja, que dizes de ti mesma?", Paulo VI) e de sua forma de presença no mundo, superando o longo e já esclerosado modelo de Cristandade. O grande desafio seria a implementação da renovação conciliar na prática, que de cara se viu confrontada com as velhas e obsoletas estruturas de uma instituição em grande medida fossilizada na história.

O Concílio chamaria a atenção para que "a Tradição progride": "Esta Tradição, oriunda dos Apóstolos, progride na Igreja sob a assistência do Espírito Santo; cresce, com efeito, a compreensão tanto das coisas como das palavras transmitidas, [...]" (*DV* 8b). Nessa perspectiva, para Bruno Forte, "tradição é a história do Espírito Santo na história do Povo de Deus"; ou a máxima *Ecclesia semper reformanda*, formulada por Calvino, mas que vem dos santos Padres e que o Vaticano II recolhe em *Unitatis Redintegratio* (6): "A Igreja peregrina é chamada por Cristo a essa reforma perene".

Pérola do tesouro do Concílio

Igreja em contínua reforma

"Toda a renovação da Igreja consiste essencialmente numa maior fidelidade à própria vocação. Esta é, sem dúvida, a razão do movimento para a unidade. A Igreja peregrina é chamada por Cristo a essa reforma perene. Como instituição humana e terrena, a Igreja necessita perpetuamente desta reforma. Assim, se em vista das circunstancias das coisas e dos tempos houve deficiências, quer na moral, quer na disciplina eclesiástica, quer também no modo de enunciar a doutrina – modo que deve cuidadosamente distinguir-se do próprio depósito da fé – tudo seja reta e devidamente restaurado no momento oportuno" (*UR* 6a).

Questões para reflexão

1. Você sabe de alguma mudança que Lutero reivindicava com razão e o Vaticano II acolheu?

2. Que reformas na Igreja, propostas pelo Vaticano II, você acha que ainda estão pendentes?

3. Por que a Igreja, como instituição, e todos os cristãos precisam manter continuamente o espírito de purificação e conversão?

3

Do binômio clero-leigos a comunidade-ministérios

> Os leigos têm o direito e, por vezes, o dever de exprimir sua opinião sobre as coisas que se relacionam com o bem da Igreja (*LG* 37).

Outra mudança significativa do Vaticano, que marca uma descontinuidade com a situação de então da Igreja, diz respeito à relação clero-leigos. A *Conferência de Aparecida* denunciou a volta do clericalismo, na contramão da renovação do Vaticano II (*DAp* 100b), que, aliás, os censores do *Documento* original *de Aparecida* tiraram do texto, mas que o Papa Francisco se encarregou de resgatar e incluir em sua exortação *Evangelii Gaudium* (*EG* 102). O clericalismo está respaldado na velha eclesiologia pré-conciliar, que concebia a Igreja como uma "comunidade desigual", composta por "duas categorias" de cristãos: o clero, o polo ativo, em quem reside toda iniciativa e poder de decisão; e os leigos, o polo passivo, a quem cabe obedecer, docilmente, o clero.

O Vaticano II significou uma reviravolta na relação dos padres e bispos com os leigos. Em sua "volta às fontes" bíblicas e patrísticas, o Vaticano II resgatou o modelo de Igreja das comunidades cristãs primitivas. No seio delas, a exemplo do que Jesus queria, existia um único gênero de cristãos – os batizados –, tal como registra a *Lumem Gentium*: "Um só é, pois, o Povo de Deus: 'um só Senhor, uma só fé, um só Batismo' (Ef 4,5); comum é a dignidade dos membros, pela regeneração em Cristo; comum a graça de filhos, comum a vocação à perfeição; [...] (*LG* 32b). Trata-se de uma comunidade toda ela profética (*LG* 35), sacerdotal (*LG* 34) e régia (*LG* 36), de onde brotam todos os ministérios para o serviço da comunidade, inserida na sociedade, até mesmo os ministérios ordenados: "Ainda que, por vontade de Cristo, alguns são constituídos doutores, dispensadores dos mistérios e pastores em favor dos demais, reina, porém, igualdade entre todos quanto à dignidade e quanto à atuação, comum a todos os fiéis, em favor da edificação do corpo de Cristo" (*LG* 32c).

O surgimento do clericalismo

Durante séculos, na Igreja, como não havia separação ou distância entre os diferentes ministérios, não existiu o termo "leigo". A Igreja de então é concebida como a comunidade dos batizados e os ministros ordenados presidem uma assembleia toda ela profética, sacerdotal e régia (*LG* 34-36), como diz o Vaticano II. Mais que isso, os ministérios ordenados, além de saírem do seio da comunidade e com seu aval, eram ministérios colegiados, exercidos em equipe. O episcopado monárquico só se tornou regra depois de séculos e, ainda assim, jamais imposto, sempre exercido com o beneplácito da comunidade, que tinha poder de veto. Isto situa o Magistério ou a colegialidade episcopal no seio da sinodalidade eclesial, consequente com o princípio de uma Igreja regida pelo *sensus fidelium*, o senso comum da fé de todo o Povo de Deus.

Por razões diversas, sobretudo por influência da cultura greco-romana e da religião pagã, durante o império de Carlos Magno os ministros ordenados se separaram da comunidade dos fiéis, começando pelo culto. Na religião pagã, quem celebra o culto é o sacerdote, a assembleia assiste. E mesmo nem era uma assembleia de fiéis, pois nem precisava ter fé, dado que era o sacerdote que fazia a ponte com deus.

Além da separação entre ministros ordenados e não ordenados, com o passar do tempo os ministros ordenados foram absorvendo os demais ministérios, tanto os ministérios leigos como o próprio diaconato, que iria desaparecer, sendo restaurado só com o Concílio Vaticano II (*LG* 29b). Com isso, a comunidade dos fiéis, antes sujeito da Igreja e integrada por todos os batizados, agora será composta por duas categorias de cristãos – clero e leigos –, com a tendência do clero a se colocar fora ou acima da assembleia, não para presidi-la, mas para comandá-la e oferecer-lhe os bens espirituais que a Igreja dispõe para a "salvação das almas" (o padre como *cura animarum*). Assim, a Igreja passa a ser composta por duas categorias de cristãos: o clero, o polo ativo e sujeito da Igreja; e os leigos, o polo passivo, objeto da pastoral. Na prática, os leigos passam a não ter mais identidade nem lugar próprio na Igreja, ou seja, a rigor os leigos e as leigas não são Igreja, ou, quando muito, são cristãos de segunda categoria. Tanto que, quando um padre era dispensado do ministério, recebia um documento que dizia estar sendo "reduzido ao estado laical".

O Vaticano II e a superação do clericalismo

O Vaticano II resgatou a concepção "a Igreja somos nós", isto é, todos os batizados. É a denominada "base laical da Igreja", pois todos os ministérios brotam do Batismo, inclusive os ministérios ordenados (*LG* 12). Para a *Lumen Gentium*, não há duas categorias de cristãos, mas um único gênero, os batizados, que conformam uma Igreja toda ela ministerial. Com isso, dá-se a passagem do binômio *clero-leigos* para o binômio *comunidade-ministérios*, sem dúvida uma das maiores mudanças do Vaticano II. Como vimos, diz o Concílio que há uma radical igualdade, em dignidade, de todos os ministérios (*LG* 13).

Nessa perspectiva, a *Conferência de Santo Domingo* (*SD* 97) irá propor o protagonismo dos leigos na evangelização, e o *Documento de Aparecida*, o protagonismo das mulheres (*DAp* 128), escandalosamente ainda tão discriminadas na Igreja – como o Papa Francisco tem reconhecido e deseja mudar tão milenar anomalia (*EG* 103-104). Por isso que a "volta do clericalismo", denunciada por *Aparecida* e tão presente sobretudo nos padres destas últimas décadas de "involução eclesial", está na contramão da renovação do Vaticano II. E não são só muitos padres, bispos e diáconos clericalistas, mas também leigos clericalizados, que, como diz o Papa Francisco, se deixam clericalizar, porque é mais cômodo. E bem sabemos que a cópia é sempre pior que o original.

Todos os batizados com missão na Igreja e no mundo

A teologia do laicato começou a ser resgatada graças à atuação dos próprios leigos, de modo particular no seio da Ação Católica, especialmente da Ação Católica Especializada. De "extensão do braço do clero", com ação "mandatada", como era comum a prática no seio do projeto de neocristandade, pouco a pouco os leigos e as leigas foram resgatando seu lugar na Igreja e no mundo.

Para o Vaticano II, o leigo, como todo batizado, é sujeito de ministérios na Igreja e no mundo: os leigos "[...], os fiéis que, incorporados em Cristo pelo Batismo, constituídos em Povo de Deus e tornados participantes, a seu modo, da função sacerdotal, profética e real de Cristo, exercem, pela parte que lhes toca, a missão de todo o Povo cristão na Igreja e no mundo" (*LG* 31). Consequentemente, não é correto dizer que a missão do leigo é no mundo e a do clero, na Igreja. É missão do leigo também ser sujeito dentro da Igreja, com voz e vez em tudo, na corresponsabilidade de todos os batizados. Por sua vez, o lugar do padre e do bispo é também no mundo, pois todos os cristãos recebem a missão de ser "fermento na massa" e "luz do mundo". O sacramento da Ordem não lhes tira nem dispensa a missão de serem, além de bons cristãos, também bons cidadãos. A constelação dos "mártires das causas sociais" da Igreja na América Latina, dentre os quais Dom Oscar Romero, reconhecido oficialmente pela Igreja em seu testemunho de santidade, é exemplo de muitos cristãos que não fugiram da responsabilidade de ser profetas diante de tudo o que atenta contra o dom sagrado da vida. O Reino de Deus, como diz *Aparecida*, é um Reino de Vida (*DAp* 24, 143, 353, 358, 361,366), a ser promovido na Igreja e no mundo por todos os cristãos.

Mas, na implantação da renovação do Vaticano II, não foi só com relação ao mundo que o compromisso dos cristãos encontrou obstáculos. Quantos e quantos leigos e leigas, ao assumirem sua responsabilidade de sujeitos dentro da Igreja, esbarraram no clericalismo ou no autoritarismo de muitos padres e bispos. Depois de cinquenta anos de renovação do Vaticano II, há ainda comunidades eclesiais, paróquias e dioceses sem assembleias deliberativas, sem conselhos com voz e vez, bem como serviços ou setores de pastoral sem equipes de coordenação.

Por ocasião de sua visita ao Rio de Janeiro, falando ao bispos do Celam, o Papa Francisco disse que "estamos muito atrasados nisso". Especialmente atrasados os que não conheceram ou não acolheram a renovação do Vaticano II e estão filiados a determinados movimentos ou grupos de Igreja que prolongam, no hoje, um passado sem futuro. A "comunhão" na Igreja não é no sentido "vertical" – comunhão ou subserviência à autoridade que está acima –, mas no sentido "horizontal" – há uma radical igualdade em dignidade de todos os ministérios, diz o Vaticano II. Por isso que *Santo Domingo* e *Aparecida* vão dizer que para uma verdadeira "conversão pastoral" é preciso também conversão "nas relações de igualdade e autoridade" na Igreja (*SD* 30). É verdade que a Igreja não é uma democracia, é comunhão, mas a comunhão não só pressupõe a democracia como vai além dela, no respeito e acolhida também das minorias. Só há vencedores quando todos vencem.

Pérola do tesouro do Concílio

Igreja toda ela ministerial

"Os sagrados pastores conhecem, com efeito, perfeitamente quanto os leigos contribuem para o bem de toda a Igreja. Pois eles próprios sabem que não foram instituídos por Cristo para se encarregarem por si sós de toda a missão salvadora da Igreja para com o mundo, mas que o seu cargo sublime consiste em pastorear de tal modo os fiéis e de tal modo reconhecer os seus serviços e carismas, que todos, cada um segundo o seu modo próprio, cooperem na obra comum. Pois é necessário que todos, 'praticando a verdade na caridade, cresçamos de todas as maneiras para aquele que é a cabeça, Cristo; pelo influxo do qual o corpo inteiro, bem ajustado e coeso por toda a espécie de junturas que o alimentam, com a ação proporcionada a cada membro, realiza o seu crescimento em ordem à própria edificação na caridade (Ef 4,15-16)" (*LG* 30).

Questões para reflexão

1. Quais são as atitudes de um padre clericalista ou de um leigo clericalizado?

2. Que estruturas de comunhão existem em sua comunidade eclesial?

3. De que modo as mulheres poderiam ser mais valorizadas na Igreja?

4

Do sacerdote celebrante a uma assembleia sacerdotal

> Na reforma e incremento da sagrada Liturgia, deve dar-se a maior atenção a esta plena e ativa participação de todo o povo, porque ela é a primeira e necessária fonte onde os fiéis hão de beber o espírito genuinamente cristão (*SC* 14b).

U ma das grandes mudanças do Vaticano II, que marca uma descontinuidade com a situação de então da Igreja, está no campo da liturgia. Quem tem mais idade lembra como era a liturgia antes do Concílio, particularmente a celebração eucarística. Na liturgia, o Concílio não fez apenas uma simples "renovação", mas uma verdadeira "reforma". Como já dissemos, em *Ecclesiam Suam* o Papa Paulo VI fala da "reforma" do Vaticano II e não apenas de "renovação" (*ES* 22-24). Com a mesma linguagem, a constituição *Sacrossanctum Concilium* intitula o primeiro capítulo: "Princípios Gerais em Ordem à Reforma e Incremento da Liturgia". Nesse particular o Vaticano II não mudou apenas a estética do rito, a forma, os paramentos, mas a teologia da liturgia, ou seja, o enfoque do conteúdo, que vai desde a centralidade da Palavra e do mistério pascal em toda e qualquer celebração litúrgica até a assembleia inteira como sujeito da liturgia.

A reforma litúrgica, ainda inconclusa, foi bem recebida e implementada de bom grado, com bons frutos. É verdade que, em alguns lugares e em determinados segmentos da Igreja, houve certos desleixos, talvez até por falta de uma atualização adequada da teologia da liturgia, tanto de ministros como da assembleia celebrante. Entretanto, fato mais preocupante no contexto da involução eclesial instaurada nas últimas décadas é a volta, em certos segmentos da Igreja, do espírito e da estética da liturgia tridentina, que o Vaticano II havia superado. Também na liturgia registra-se o deslocamento do profético para o terapêutico e do ético para o estético. Mas, felizmente, também neste campo o Papa Francisco tem tomado posição clara, com palavras e gestos, na perspectiva de se levar adiante a reforma litúrgica do Concílio.

A descaracterização da liturgia cristã

A descaracterização da liturgia da Igreja primitiva começou ainda no século IV e foi agravada com a reforma de Carlos Magno. Ainda no fim do período da Igreja antiga, dá-se a passagem: das pequenas comunidades com celebrações nas casas para celebrações massivas em basílicas; da assembleia celebrante ao padre como único ator da liturgia, rezando em voz baixa e de costas para o povo; da celebração eucarística como ceia, ao redor de uma mesa, à missa como sacrifício oferecido pelo sacerdote no altar; da simplicidade das celebrações aos ritos com os esplendores da corte imperial; das vestes do cotidiano a ministros do altar revestidos das honras e indumentárias típicas dos altos mandatários do império. Mais tarde, a reforma litúrgica, promovida pelo imperador Carlos Magno, introduziria no Cristianismo muito da mentalidade religiosa pagã dos povos franco-germânicos: no lugar da confiança em um Deus amoroso, o pavor diante da divindade; no lugar de um Deus que tem alegria em perdoar, um Deus vingador e uma escrupulosa consciência do pecado, acompanhada do sentimento de culpa; enfim, no lugar da aspiração pela vida eterna em Deus, a angústia diante da morte e do juízo iminente.

Com isso, em grande medida, a missa deixa de ser um ato comunitário para converter-se numa devoção privada do sacerdote e dos fiéis individualmente. O sentido pascal da celebração litúrgica é deslocado para devocionismos sentimentais, especialmente de meditação da Paixão de Cristo. Enquanto o padre, lá no altar distante, reza a missa de costas para o povo, os fiéis se entretêm com suas devoções particulares em torno dos santos. A própria comunhão é substituída pela "adoração da hóstia", e a Festa de *Corpus Christi* se converte na festa mais importante do ano litúrgico, superior à Páscoa.

A Reforma Protestante e a Contrarreforma de Trento

O movimento de "volta às fontes" e, neste caso, de resgate da liturgia primitiva começou ainda no século VIII, mas sem resultados. No século XVI, surgiu uma nova onda de clamores por uma reforma da Igreja, que incluía a liturgia. O movimento mais contundente e conhecido foi o movimento de Lutero, que culminou com sua separação da Igreja de Roma. No campo da liturgia, os reformadores reivindicavam, entre outros: celebração litúrgica na língua do povo, a participação de toda a assembleia como celebrante, a recitação da oração eucarística em voz alta, a comunhão sob as duas espécies, comungar durante a missa, enfim, a celebração eucarística como memória do único e irrepetível sacrifício de Cristo, mas em forma de ceia, a exemplo da ceia pascal de Jesus.

Mas, em vez de reforma, com o Concílio de Trento veio uma Contrarreforma, também na liturgia. É verdade que se buscou corrigir muitos abusos, mas infelizmente Trento não acolheu as principais e legítimas reivindicações dos reformadores: continuou a assembleia assistindo à celebração, a obrigatoriedade do latim, o padre rezando em voz baixa de costas para o povo e a comunhão sob uma única espécie, entre outros. E para marcar a diferença católica em relação aos protestantes, acentuou-se o caráter sacrificial da missa, a devoção aos santos, em especial a Maria, e a exclusividade da presença real de Jesus nas espécies consagradas.

A reforma litúrgica do Vaticano II

Somente quase quinhentos anos depois é que o Concílio Vaticano II, que deveria ter acontecido em Trento, irá acolher as principais reivindicações dos reformadores e fazer uma profunda reforma da Igreja, em todos os campos, a começar pela liturgia.

Para o Vaticano II, dado que pelo Batismo o Povo de Deus, como um todo, é um povo profético, sacerdotal e régio (*LG* 32-36), na liturgia o ministro presidente preside uma assembleia toda ela celebrante (*SC* 14). Consequentemente, o protagonista da celebração litúrgica não é o presidente, mas a assembleia: "É desejo ardente na mãe Igreja que todos os fiéis cheguem àquela plena, consciente e ativa participação nas celebrações litúrgicas [...]" (*SC* 14). Por isso o povo passa a rodear o altar, e o padre, a presidir a assembleia celebrante, de frente para o povo, dialogando com ele, em sua língua. O padre deixa de ser chamado "sacerdote", pois preside uma assembleia toda ela sacerdotal, profética e régia, da qual ele também faz parte. O sacerdócio ordenado se funda no sacerdócio do Batismo. O coral ou um grupo de canto, que cantavam sozinhos, perdem seu sentido: "[...] com diligência [...] Procurem os Bispos e demais pastores de almas que os fiéis participem ativamente nas funções sagradas que se celebram com canto, na medida que lhes compete [...]" (*SC* 114). Para aproximar o presidente da celebração da assembleia, simplificam-se as vestes litúrgicas e supera-se o caráter pomposo e suntuoso da liturgia ("Brilhem os ritos pela sua nobre simplicidade, [...]" *SC* 34), pois o rito, quanto mais simples, mais se parece com o modo discreto de Deus se comunicar.

Além disso, para o Concílio, a presença real de Cristo na liturgia não está somente nas espécies consagradas do pão e do vinho, mas também na assembleia reunida, na Palavra proclamada e no presidente da celebração. Daí a importância da liturgia da Palavra, que também é celebração do mistério pascal. À celebração eucarística dá-se um caráter antes de tudo de banquete (*SC* 47), pois é memorial do único sacrifício de Cristo, celebrado através de uma ceia. Por isso o rito eucarístico, precedido pela "mesa da Palavra", é celebrado na denominada "mesa do altar", sobre a qual as espécies consagradas são sacramentalmente mais "alimento e bebida" do que "corpo e sangue" (*SC* 48), tal como se expressavam as comunidades eclesiais da Igreja primitiva. E toda a assembleia é convidada a comungar sob as duas espécies: "A comunhão sob as duas espécies, firmes os princípios dogmáticos estabelecidos pelo Concílio de Trento, pode ser permitida, quer aos clérigos e religiosos, quer aos leigos" (*SC* 55b).

Como se pode constatar, trata-se de uma reforma profunda, antes de tudo da teologia da liturgia, com suas implicações no rito, nas vestes litúrgicas, na participação da assembleia, no espaço litúrgico, na estética e na linguagem. Aspecto não menos importante da reforma litúrgica do Vaticano II foi a abertura à inculturação da liturgia na realidade específica dos diferentes povos e culturas (*SC* 37-39). Por diversas razões não se caminhou muito nesse campo. Mas não se pode deixar de nomear os avanços nesse particular no Brasil – por exemplo, no canto litúrgico, nas celebrações dialogadas com a assembleia, na introdução de símbolos da vida do povo em certos ritos ou no Ofício das Comunidades, sem falar na riqueza da iconografia sacra, com matizes das culturas autóctones.

Pérola do tesouro do Concílio

A comunidade celebrante

"É desejo ardente na mãe Igreja que todos os fiéis cheguem àquela plena, consciente e ativa participação nas celebrações litúrgicas que a própria natureza da Liturgia exige e que é, por força do Batismo, um direito e um dever do povo cristão, 'raça escolhida, sacerdócio real, nação santa, povo adquirido' (1Pd 2,9; cfr. 2,4-5)" (*SC* 14a).

"É por isso que a Igreja procura, solícita e cuidadosa, que os cristãos não entrem neste mistério de fé como estranhos ou espectadores mudos, mas participem na ação sagrada, consciente, ativa e piedosamente, por meio de uma boa compreensão dos ritos e orações; [...]" (*SC* 48a).

Questões para reflexão

1. Que elementos da liturgia pré-conciliar ainda estão presentes nas celebrações de sua comunidade eclesial?

2. Que aspectos importantes da reforma litúrgica do Vaticano II estão presentes na celebração eucarística de sua comunidade eclesial?

3. Há oportunidade de formação litúrgica acessível aos leigos e leigas em sua comunidade ou perto dela?

5

De uma Igreja-massa a uma Igreja-comunidade

A Igreja é comunidade congregada daqueles que, crendo, voltam seu olhar a Jesus, autor da salvação e princípio da unidade e da paz, a fim de que ela seja para todos e para cada um o sacramento visível desta salvadora unidade (*LG* 9).

Em sua "volta às fontes" bíblicas e patrísticas, uma das grandes mudanças do Vaticano II, que marca uma descontinuidade com a situação de então da Igreja, foi o resgate de uma "Igreja-comunidade", a exemplo da comunidade da Trindade, e a consequente superação do velho e caduco modelo de uma "Igreja-massa". Com a nova autocompreensão da Igreja como "Povo de Deus", deu-se a passagem, pelo menos na eclesiologia, do binômio "clero-leigos" para o binômio "comunidade--ministérios", com o surgimento da "pastoral orgânica e de conjunto", a criação dos secretariados diocesanos de pastoral, dos conselhos e assembleias, das equipes de coordenação dos diferentes serviços e níveis da Igreja, enfim, dos planos de pastoral, fruto de processos participativos.

Na América Latina, a recepção da eclesiologia conciliar da Igreja como "Povo de Deus" foi mais longe. Pergunta-se: como ser Igreja-Povo, inserida no mundo, Igreja-comunidade transformadora, sem ser Igreja de "pequenas comunidades", inseridas profeticamente na sociedade, na perspectiva da opção preferencial pelos pobres? A resposta da *Conferência de Medellín* (1968), superando a paróquia tradicional, foi a proposta da organização da Igreja em "comunidades eclesiais de base" (CEBs), reconhecidas como "célula inicial da estruturação eclesial e foco de evangelização" (*Med* 15,10). É a Igreja compreendida e vivida como eclesiogênese.

Hoje, passados cinquenta anos da renovação conciliar, depois de se ter avançado bastante também neste campo, nas últimas décadas entramos num processo de "involução eclesial" em relação à renovação do Vaticano II, ainda que recentemente atenuado com um pontificado novo. Alguns segmentos da Igreja, na contramão do modelo eclesial neotestamentário e da renovação conciliar no campo da eclesiologia, têm ressuscitado a velha Igreja barroca: uma Igreja-massa, visibilidade, prestígio e poder. Em lugar de multiplicar o número das pequenas comunidades, muitos padres preferem aumentar o tamanho de seus templos. Em contrapartida, *Aparecida* e muitas conferências episcopais nacionais voltam a insistir no imperativo de uma paróquia "comunidade de comunidades", a exemplo das CEBs, como condição para ser Igreja sacramento de um Reino de fraternidade, justiça e paz.

Da Igreja doméstica às paróquias massivas

Os primeiros cristãos haviam entendido muito bem que a fé cristã é "eclesial", isto é, vivência em comunidade da vida e da obra de Jesus, que é o Reino de Deus. Quem aderia a Jesus e à Boa-Nova se juntava com os companheiros de fé, conformando pequenas comunidades, que se reuniam nas casas – a *domus Ecclesiae* – ou a "Igreja doméstica". Na realidade, os primeiros cristãos viviam a fé em pequenas comunidades não porque eram poucos. Tanto que, quando o número de pessoas da comunidade crescia, em lugar de aumentar o tamanho da casa repartiam a grande comunidade, criando outras pequenas comunidades. No final da era apostólica, só em Roma havia mais de quarenta dessas Igrejas pequena-comunidade.

Como atestam os Atos dos Apóstolos, as pequenas comunidades permitiam aos cristãos serem assíduos na oração e partilha, tendo tudo em comum (At 2,42). Não que as primeiras comunidades não tivessem defeitos e problemas. Mas foi por causa desse modelo de Igreja que, nesse tempo, tivemos um Cristianismo da mais alta qualidade, historicamente, quem sabe só novamente presente nas comunidades eclesiais de base. A prática da caridade por parte dessas pequenas comunidades causava admiração até ao imperador. As escolas de catecumenato geravam cristãos convertidos, com espírito de pertença e profetismo. E o sangue dos mártires era semente de novos cristãos (Tertuliano).

Com a anexação do Cristianismo à sorte do Império Romano e as "conversões" em massa, rapidamente, ainda no século V, praticamente tudo isso se perdeu. As pequenas comunidades incharam com a introdução de cristãos não convertidos. Da Igreja nas casas se passa para as paróquias, grandes templos, nos quais a assembleia dos irmãos vira massa anônima. Os fiéis, antes membros ativos de comunidades, passam a ser clientes, que só vêm à Igreja para receber os sacramentos. A maioria dos ministérios, até mesmo o diaconato, desaparece. A Igreja passa a ser os bispos e os padres, que comandam a massa dos cristãos.

Com isso, a vida cristã tende a se restringir ao espaço intraeclesial, a atos de culto. É a denominada, por *Medellín*, "pastoral de conservação" (*Med* 6,1), que reinará do início da Idade Média até a renovação do Vaticano II.

Da paróquia massiva a uma Igreja de pequenas comunidades

Para uma Igreja-comunidade, o Vaticano II propôs renovar a paróquia: "[...] o múnus de pastor não se limita ao cuidado singular dos fiéis, mas estende-se também propriamente à formação da genuína comunidade cristã" (*PO* 6d). Tal como fizemos referência anteriormente, a Igreja na América Latina foi mais ousada. Ela assumiu o desafio de reconfigurar a paróquia a partir das comunidades eclesiais de base (*Med* 15,10). Uma comunidade eclesial, para ser realmente comunidade, precisa ter tamanho humano, condição para a ministerialidade e a corresponsabilidade de todos.

Para *Medellín*, não é a paróquia a unidade eclesial mais básica, mas as CEBs, denominadas a "célula inicial da estruturação eclesial" (*Med* 15,10). Para *Aparecida*, as CEBs "são fonte e semente de variados serviços e ministérios a favor da vida na sociedade e na Igreja" (*DAp* 179); descentralizam e articulam as "grandes comunidades" impessoais ou massivas em ambientes simples e vitais, tornando-se espaço promotor de resgate da identidade, dignidade e autoestima; abrem espaço aos excluídos – os pobres –, sejam eles marginalizados por razões econômicas, étnicas, etárias, de gênero ou culturais; unem fé e vida, colando a religiosidade à materialidade da vida, consciente de que Deus quer a vida a partir do corpo; enfim, as CEBs fazem dos leigos protagonistas da evangelização, tal como preconizou *Santo Domingo*.

Renovar ou reconfigurar a paróquia?

Como se pode perceber, o desafio para uma Igreja "comunidade de pequenas comunidades" é muito maior do que simplesmente "renovar a paróquia". Renovar a paróquia poderia significar, a partir dela, criar "grupos" na matriz e nas capelas, sem que se chegue a configurar uma Igreja-rede de pequenas comunidades. Grupos e movimentos não são comunidade, são grupos. Podem e até precisam existir, mas desde que seus membros estejam dentro da comunidade eclesial ou, mais concretamente, no seio de pequenas comunidades em rede.

Na realidade, o verdadeiro desafio consiste em "reconfigurar" a paróquia, no sentido de repensá-la a partir das comunidades eclesiais de base ou das pequenas comunidades, inseridas profeticamente no seio da sociedade. A questão de fundo não é da ordem da organização simplesmente, mas eclesiológica. A paróquia, fruto do resultado de um processo na perspectiva de sua "reconfiguração", até pode continuar sendo chamada de "paróquia", mas terá outro rosto, totalmente distinto, será uma outra figura da Igreja no seio da Igreja local, fruto do resgate do modelo normativo neotestamentário da *domus Ecclesiae*.

Numa sociedade fundada no "triunfo do indivíduo solitário", reconfigurar a paróquia em comunidade de pequenas comunidades não é uma tarefa fácil. O Papa Francisco, em *Evangelii Gaudium*, fala de uma "crise do compromisso comunitário" (*EG* Cap. II). Vida em comunidade é algo contracultural, que encontra resistência, quase generalizada, também na Igreja. Entretanto, o Cristianismo é portador de uma diferença que precisa fazer diferença. Isso implica fidelidade e não simplesmente se pautar pela facilidade.

Pérola do tesouro do Concílio

A salvação é comunitária

"Do mesmo modo que Deus não criou os homens para viverem isolados, mas para se unirem em sociedade, assim também lhe 'aprouve... santificar e salvar os homens não individualmente e com exclusão de qualquer ligação mútua, mas fazendo deles um povo que o reconhecesse em verdade e o servisse santamente'. Desde o começo da história da salvação, ele escolheu os homens não só como indivíduos, mas ainda como membros de uma comunidade. [...]" (*GS* 32a).

"Esta índole comunitária aperfeiçoa-se e completa-se com a obra de Jesus Cristo. Pois o próprio Verbo encarnado quis participar da vida social dos homens" (*GS* 32b).

"Na sua pregação claramente mandou aos filhos de Deus que se tratassem como irmãos. E na sua oração pediu que todos os seus discípulos fossem 'um'. Ele próprio se ofereceu à morte por todos, de todos feito Redentor. 'Não há maior amor do que dar alguém a vida pelos seus amigos' (Jo 15,13). E mandou aos Apóstolos pregar a todos a mensagem evangélica para que a humanidade se tornasse a família de Deus, na qual o amor fosse toda a lei" (*GS* 32c).

Questões para reflexão

1. Que características de uma "Igreja-massa" estão presentes em sua diocese?

2. Que elementos de uma "Igreja comunidade de pequenas comunidades" existem em sua paróquia?

3. Quais os principais obstáculos para reconfigurar a Igreja em pequenas comunidades?

6

De uma Igreja universalista a uma Igreja de Igrejas locais

> Os Bispos individualmente são o visível princípio e fundamento da unidade em suas Igrejas particulares, formadas à imagem da Igreja universal, nas quais e pelas quais existe a Igreja católica una e única (*LG* 23a).

Para o teólogo alemão K. Rahner, perito do Concílio, a principal mudança do Vaticano II, que marca uma descontinuidade com a situação de então da Igreja, foi a superação de uma "Igreja universalista" através do resgate da Igreja local, ou seja, da diocese como "porção" (*CD* 11a) e não "parte" do Povo de Deus (a porção contém o todo, a parte não). Com isso, o Concílio ressitua o papa no seio do Colégio Apostólico, a paróquia e os movimentos no interior da Igreja local, e esta no âmbito de uma "Igreja de Igrejas" locais, de dioceses em comunhão entre si.

Passados cinquenta anos dessa arrojada mudança na concepção de Igreja, que exige profundas reformas, também nas estruturas, infelizmente não se avançou muito. Persiste a centralização romana, que o Papa Francisco está empenhado em superar através de uma profunda reforma da Cúria Romana e do exercício do Primado. Na sequência, será preciso também reverter o papel minimizado, seja das conferências episcopais, seja das competências do bispo diocesano.

A concepção de Igreja "antes" do Vaticano II

Com relação à concepção de Igreja, há um "antes" e um "depois" do Vaticano II. A eclesiologia pré-conciliar parte da existência de uma suposta Igreja universal, que precede e acontece nas Igrejas locais, da qual o papa é o representante e garante. Dado que as dioceses são "parcelas" da Igreja universal, o papa é uma espécie de "bispo dos bispos" e, estes, seus colaboradores. Praticamente, não há relação e compromissos entre as dioceses, apenas do bispo com o papa, através da visita *ad limina*, a cada cinco anos. Nesse contexto, historicamente, os concílios ou sínodos regionais desaparecem e as regiões metropolitanas e os metropolitas têm sua função reduzida a algo mais simbólico que efetivo.

No seio da diocese, concebida como "parcela" da Igreja universal, com o advento do feudalismo medieval dar-se-á a passagem de um Cristianismo bem estruturado ao redor do bispo no seio da Igreja local a um Cristianismo fragmentado em paróquias rurais distantes, organizado em torno do presbítero. O bispo terá seu papel pastoral diminuído e sua função sociopolítica, valorizada. Já o presbítero tenderá a ser bispo em sua paróquia. O bispo terá muito da figura do príncipe e o presbítero, do senhor feudal. Com a diocese transformada em sucursal de Roma, a universalidade da Igreja irá se confundir com a particularidade romana, que se sobrepõe às demais particularidades. Católico é sinônimo de romano.

A concepção de Igreja do Vaticano II

Na perspectiva da eclesiologia conciliar, a preexistência de uma suposta Igreja universal, que precederia e aconteceria nas Igrejas locais, é uma abstração teológica ou uma ficção eclesiológica. Não existe Igreja anterior nem exterior às Igrejas locais. Por um lado, em cada diocese, enquanto "porção" do Povo de Deus e não "parcela", está "a Igreja toda", pois cada Igreja local é depositária da totalidade do mistério de salvação: na Igreja local se encontra e verdadeiramente "opera a Igreja de Cristo, una, santa, católica e apostólica" (*CD* 11a). Por outro lado, dado que nenhuma Igreja local esgota esse mistério, na diocese está a "Igreja toda", mas ela não é "toda a Igreja", dado que a universalidade da Igreja implica a comunhão das dioceses entre si. A Igreja é Igreja de Igrejas locais (*CD* 3).

Aqui se funda a solicitude do bispo de uma Igreja local pelas demais Igrejas e o exercício de seu ministério no seio do colégio apostólico: "Os Bispos, como legítimos sucessores dos Apóstolos e membros do colégio episcopal, considerem-se unidos sempre entre si e mostrem-se solícitos de todas as igrejas, pois cada um, por instituição divina e por exigência do múnus apostólico, é responsável por toda a Igreja, juntamente com os outros Bispos" (*CD* 6a). Como também se funda o ministério do papa, que preside a comunhão das Igrejas, como um *primus inter pares*: "[…] os Bispos, constituídos pelo Espírito Santo, sucedem aos Apóstolos […] e, juntamente com o Sumo Pontífice e sob a sua autoridade, foram enviados a perpetuar a obra de Cristo, pastor eterno" (*CD* 2b). Quanto à paróquia, ela passa a ser concebida como "célula" da diocese (*AA* 10c), em comunhão com as demais paróquias da respectiva Igreja local, e o presbítero, como membro de seu presbitério, presidido pelo bispo, a serviço de todo o Povo de Deus.

Consequências da reforma eclesiológica do Vaticano II

A concepção de Igreja do Vaticano II tem consequências desafiantes para o ser e o fazer da Igreja. Eclesiologicamente, em primeiro lugar, significa o fim do centralismo romano, o que implica a reforma da Cúria Romana e do próprio ministério petrino. Paulo VI havia começado o processo, mas não conseguiu levá-lo adiante. O Papa João Paulo II, na encíclica *Ut Unum Sint*, mostrou sua necessidade e urgência, mas sem consequências práticas. Na atualidade, o Papa Francisco está empreendendo esta ardorosa tarefa, que passa também pela redefinição do papel do sínodo dos bispos e das conferências episcopais, que, além de mais autonomia, podem e precisam exercer também um papel magisterial.

Em segundo lugar, o resgate da totalidade da Igreja na particularidade das Igrejas locais implica a configuração da diocese como uma Igreja autóctone, com rosto próprio, inculturada em seu próprio contexto. A Igreja, quanto mais encarnada em cada cultura, tanto mais universal e católica ela é. E, inversamente, quanto mais encarnada numa única cultura e presente, deste modo, nas demais culturas, tanto menos católica e universal ela é. Infelizmente, o desafio de uma evangelização inculturada, tão trabalhado na década de 1990, foi praticamente esquecido a partir do ano 2000. Sem autonomia e reconhecimento da legitimidade e oportunidade das diferenças, não há possibilidade de inculturação. Continuamos, na Igreja, com a hegemonia de um único rito na liturgia, com o mesmo perfil de ministério ordenado, com o eurocentrismo de uma única teologia autêntica, com a mesma organização eclesial, ou seja, com uma Igreja pouco encarnada na diversidade dos povos.

A terceira consequência da reforma eclesiológica do Vaticano II diz respeito à superação do paroquialismo e do universalismo dos movimentos apostólicos. Por um lado, a superação do paroquialismo pressupõe a inserção da paróquia na pastoral de conjunto da diocese e do presbítero em seu presbitério. A paróquia que se isola da diocese e não está em comunhão com as demais paróquias deixa de ser Igreja. Assim como o padre que se isola de seu presbitério perde sua legitimidade: "Os presbíteros, como esclarecidos cooperadores da ordem episcopal e a sua ajuda e instrumento, chamados para o serviço do Povo de Deus, constituem com o seu Bispo um presbitério" (*LG* 28b). A pastoral de conjunto já foi muito mais forte e visível em décadas passadas. Os planos diocesanos de pastoral foram substituídos por genéricas diretrizes de ação, que permitem às paróquias continuar na "pastoral de conservação", típica do modelo eclesiológico e pastoral pré-conciliar. Felizmente, *Aparecida*, e mais recentemente a *Evangelii Gaudium*, relançaram o desafio da superação do paroquialismo e, associado a ele, do clericalismo, pela retomada da pastoral orgânica e de conjunto e da necessidade de planos de pastoral, situados no seio da Igreja local.

Por sua vez, a superação do universalismo dos movimentos apostólicos implica também inserção deles na Igreja local e, mais concretamente, na pastoral orgânica e de conjunto da diocese, onde seus membros se fazem presentes. Como não existe Igreja nem anterior nem exterior às Igrejas locais, um movimento só é de Igreja na medida em que conceber e realizar sua missão, a partir da realidade e das necessidades da diocese, onde seus membros vivem.

Pérola do tesouro do Concílio

Em cada diocese está presente a Igreja toda

"Diocese é a porção do Povo de Deus, que se confia a um Bispo para que a apascente com a colaboração do presbitério, de tal modo que, unida ao seu pastor e reunida por ele no Espírito Santo por meio do Evangelho e da Eucaristia, constitui uma Igreja particular, na qual está e opera a Igreja de Cristo, una, santa, católica e apostólica" (*CD* 11a).

"A união colegial aparece também nas mútuas relações de cada Bispo com as igrejas particulares e com a Igreja universal. [...] E cada um dos Bispos é princípio e fundamento visível da unidade nas suas respectivas igrejas, formadas à imagem da Igreja universal, das quais e pelas quais existe a Igreja Católica, una e única. Pelo que, cada um dos Bispos representa a sua igreja e, todos em união com o papa, no vínculo da paz, do amor e da unidade, a Igreja inteira" (*LG* 23a).

"Cada um dos Bispos que estão à frente de igrejas particulares, desempenha a ação pastoral sobre a porção do Povo de Deus a ele confiada, não sobre as outras igrejas nem sobre a Igreja universal. Porém, enquanto membros do colégio episcopal e legítimos sucessores dos Apóstolos, estão obrigados, por instituição e preceito de Cristo, à solicitude sobre toda a Igreja, [...]" (*LG* 23b).

Questões para reflexão

1. Há consciência de que a diocese é "porção" e não "parcela" do Povo de Deus?

2. Quais os traços de uma Igreja encarnada em sua realidade presentes em sua diocese?

3. Há ainda resquícios de paroquialismo na Igreja que você frequenta?

7

Do bispo colaborador do papa à colegialidade episcopal

> Assim como por disposição do Senhor, Pedro e os outros Apóstolos constituem um Colégio Apostólico, da mesma forma o Romano Pontífice, sucessor de Pedro, e os Bispos, sucessores dos Apóstolos, estão unidos entre si (*LG* 22a).

Outra grande mudança do Vaticano II, que marca uma descontinuidade com a situação de então da Igreja, diz respeito à relação dos bispos entre si, com o papa, e destes com o Povo de Deus. Da concepção de Igreja como uma "Igreja de Igrejas locais" derivam três consequências: a) situa o bispo no seio de um Colégio de Bispos (*CD* 2), com a função de não só presidir sua Igreja local, como também de zelar pela solicitude de todas as Igrejas (*CD* 3), junto ao Primado de Roma, um *primus inter pares*; b) resgata o *sensus fidelium*, tal como registra a *Lumen Gentium*: "A totalidade dos fiéis que receberam a unção do Santo (cfr. Jo 2,20.27), não pode enganar-se na fé; e esta sua propriedade peculiar manifesta-se por meio do sentir sobrenatural da fé do povo todo, quando este, 'desde os Bispos até o último dos leigos fiéis', [...]" (*LG* 12); c) situa a colegialidade episcopal no seio da sinodalidade eclesial (*LG* 20), ou melhor dizendo, reconhece que a sinodalidade eclesial precede a colegialidade episcopal, a serviço da qual está constituída, seja com a missão de presidir, seja de autentificar a fé da Igreja, em sua função magisterial.

O primado da sinodalidade eclesial

O Concílio Vaticano II, em sua "volta às fontes", resgatou o modelo eclesial normativo neotestamentário, no qual tudo na Igreja diz respeito a todos os seus membros, mesmo que a Igreja seja uma comunidade organizada, com diferentes ministérios. O ministério da presidência e a própria função magisterial dos bispos não estão fora nem acima do Povo de Deus, mas no seio dele e a seu serviço (*LG* 20c). Na Igreja antiga, não há propriamente "assuntos reservados aos bispos", ainda que estes tenham seu lugar específico e suas reuniões próprias, mas sempre para tratar de questões das quais a comunidade é sujeito, não destinatária. Era comum a comunidade eclesial participar até mesmo da discussão de questões doutrinárias ou da recepção de decisões de sínodos ou concílios.

Até o século III, e no Egito ainda durante todo o século IV, a comunidade dos fiéis como um todo tem um papel decisivo na Igreja, mesmo na eleição de seus bispos ou presbíteros. Era uma questão de lógica: se todos os batizados são membros da Igreja, ou são plenamente membros ou não são. E eram. Expressão da sinodalidade eclesial era o exercício do *sensus fidelium*, cujo eclipse historicamente operou uma cisão entre sinodalidade eclesial e colegialidade episcopal.

Com essa cisão passou-se a conceber o Colégio dos Bispos como um grupo de pessoas que tem poder "sobre" a Igreja e não "na" Igreja, como se não fossem também eles membros da Igreja que presidem e de um Colégio que os vincula à solicitude das Igrejas como um todo. E mais grave, não houve apenas uma cisão entre sinodalidade eclesial e colegialidade episcopal, mas também entre Primado Romano e Colégio dos Bispos. Não só o Magistério da Igreja tomará distância do *sensus fidelium* como tenderá a ser reduzido ao Magistério pontifício. Resquício dessa anomalia milenar é a redução do sínodo dos bispos a uma função consultiva, e o estatuto das conferências episcopais nacionais ou continentais ficará sem nenhuma função magisterial.

O sentido sacramental da ordenação episcopal

Na realidade, a ruptura entre sinodalidade eclesial e colegialidade episcopal aconteceu quando se perdeu o sentido sacramental da ordenação episcopal. A "ordenação" passa a ser "sagração" episcopal, ou seja, é reduzida à transmissão por graça da *sacra potestas*, entre aqueles que a conferem e aquele que a recebe, sem que a assembleia da Igreja local, neste particular, exerça qualquer função. Às vezes, nem mesmo a Igreja local existe, dado que alguém é ordenado bispo não para presidir uma Igreja, mas para lhe conferir prestígio no exercício de alguma função burocrática ou para legitimar um episcopado de dignidade funcional ou até pessoal.

Com isso a união recíproca entre o bispo e a sua Igreja, simbolizada no anel episcopal, se enfraquece. Em consequência, o *Código de Direito Canônico* de 1917 iria abolir todo direito de participação por parte da Igreja local na escolha do seu bispo (*"eos libere nominat Romanus*

Pontifex" – can. 329,2), o que continua até hoje, apesar da reforma do Vaticano II. É como se o bispo se tornasse membro do Colégio mais pela nomeação por parte do papa do que por sua ordenação no seio de uma Igreja local. E como o Colégio passa a exercer um poder "sobre" a Igreja e não um poder "na" Igreja, o poder se torna mais importante do que a comunhão das Igrejas. Perde-se, assim, o primado da sinodalidade eclesial sobre a colegialidade episcopal e, pior, promovendo uma inversão dos fatores, pois passa a haver o primado da colegialidade episcopal sobre a sinodalidade eclesial.

O *Código de Direito Canônico* de 1983, apesar da nova eclesiologia do Vaticano II, continua distante da grande tradição eclesiológica, cujo conceito central em relação à colegialidade episcopal era a *communio ecclesiarum* (a comunhão das Igrejas). Concretamente, o texto explicita o que são leigos e clérigos, um papa, o Colégio dos Bispos, o sínodo dos bispos, os cardeais, a Cúria Romana e os núncios antes de estabelecer o que é uma Igreja local e o que é a comunhão das Igrejas. Em outras palavras, apresenta-se o Colégio como um grupo de pessoas que existe anteriormente à consideração da Igreja como *communio ecclesiarum* e também independente da comunhão das Igrejas entre si.

A manutenção deste resquício da eclesiologia pré-conciliar no novo Código deve-se, em grande medida, ao fato de o Vaticano II não ter explicitado suficientemente a articulação entre *collegium episcoporum* e a *communio ecclesiarum*. A constituição *Lumen Gentium* diz como é que alguém se torna membro do Colégio dos Bispos: "É, pois, em virtude da sagração episcopal e pela comunhão hierárquica com a cabeça e os membros do colégio que alguém é constituído membro do corpo episcopal" (*LG* 22a). Entretanto, silencia o fato de o novo bispo ser designado para uma Igreja local, por causa disso passando a ser membro do Colégio.

A colegialidade episcopal no seio da sinodalidade eclesial

Apesar desse silêncio, que dá margem ao exercício de resquícios da eclesiologia pré-conciliar, não há dúvidas que o Vaticano II situa o *colegium episcoporum* no seio da *communio ecclesiarum*, consequentemente com o primado da sinodalidade eclesial sobre a colegialidade episcopal (*LG* 20). Em outras palavras, dado que a Igreja é "Igreja de Igrejas", o bispo, em sua diocese, em virtude de se lhe haver confiado uma Igreja local e haver recebido a ordenação episcopal, exerce seu ministério não apenas em sua Igreja, mas participando da solicitude das Igrejas, *cum* e *sub sucessore Petri*, em comunhão com todos os demais membros do Colégio Episcopal: "Os Bispos, em virtude da sua consagração sacramental e pela comunhão hierárquica com a cabeça e os membros do colégio, são constituídos membros do corpo episcopal [...] sujeito do supremo e pleno poder sobre toda a Igreja, [...]" (*CD* 4).

Consequentemente, seu ministério não deriva do papa nem é outorgado por ele, mas o recebe de Deus, em função de sua nomeação e ordenação para uma Igreja local: "Os Bispos, participando da solicitude por todas as igrejas, exercem este seu ministério, recebido pela sagração episcopal, [...]" (*CD* 3a). Seu ministério é de direito divino, a ser exercido não "sobre" a Igreja, mas "na" Igreja. E esta "sua" futura Igreja pode e deve ter uma palavra em sua nomeação, porquanto ela é mediação da vontade de Deus, discernida no *sensus fidelium*.

O exercício de seu ministério "na" Igreja implica, pois, situar a colegialidade episcopal no seio da sinodalidade eclesial, o que significa também situar a função magisterial no seio do Povo de Deus, fruto de um mútuo dar e receber entre todos os membros da comunidade, no respeito pelo lugar que cada um ocupa na Igreja. E mais que isso: como há o primado da sinodalidade sobre a colegialidade, há também o primado do Povo de Deus sobre o Magistério, razão pela qual precisa ser exercido em sintonia com o *sensus fidelium*.

Pérola do tesouro do Concílio

Comunhão e cooperação das dioceses

"Todos os Bispos, como membros do corpo episcopal, sucessor do Colégio apostólico, são consagrados não só em benefício de uma diocese mas para salvação de todo o mundo. O mandato de Cristo de pregar o Evangelho a toda a criatura afeta-os, primária e imediatamente a eles, com Pedro e sob Pedro. Daí nascem aquela comunhão e cooperação das igrejas, hoje tão necessárias para levar a cabo a obra da evangelização. Em virtude desta comunhão, cada uma das igrejas leva em si a solicitude por todas as outras, manifestam umas às outras as próprias necessidades, comunicam entre si as suas coisas, pois a dilatação do corpo de Cristo é dever de todo o Colégio episcopal" (*AG* 38a).

Questões para reflexão

1. Que realidades mostram, hoje, que o bispo de uma diocese preside sua Igreja em estreita união com os demais bispos e o papa?

2. Que bons exemplos poderiam ser citados como fruto do trabalho conjunto de bispos?

3. Por que o Povo de Deus ainda não tem uma palavra a dizer na eleição de um bispo para sua Igreja?

8

Da salvação da alma à salvação da pessoa inteira

> Os Santos padres proclamam constantemente que o que não foi assumido por Cristo não foi redimido. Ora, ele assumiu toda a natureza humana tal qual se encontra em nós, míseros e pobres, exceto o pecado (*AG* 3b).

Uma das grandes mudanças do Concílio Vaticano II, que marca uma descontinuidade com a situação de então da Igreja, está na antropologia cristã, com consequências na concepção de salvação e para a vivência da fé cristã e a missão da Igreja. Ser cristão e evangelizar "antes" e "depois" do Vaticano II é algo muito diferente. Em sua "volta às fontes", o Concílio resgatou a concepção bíblica de Criação, de ser humano e de salvação que haviam pautado a ação da Igreja até a infiltração da mentalidade grega no Cristianismo no século V.

Desde então até o Vaticano II, a fé cristã estará marcada por um dualismo que separa corpo e alma, espírito e matéria, sagrado e profano, céu e terra, religião e mundo. A ação da Igreja consiste na *cura animarum*, a salvação das almas. É como se a Igreja cuidasse da alma e o corpo ficasse com a prefeitura... O Vaticano II e, posteriormente, a encíclica de Bento XVI *Deus Caritas Est*, teologicamente, marcarão o fim dessa postura, pois, na prática, há ainda muitos resquícios de uma antropologia e de uma concepção de salvação distantes das Escrituras.

A concepção de salvação no seio da cultura grega

A separação ou mesmo oposição entre corpo e alma entrou no Cristianismo, primeiro, de forma aberta, através do gnosticismo, logo condenado como heresia, depois, de forma velada, especialmente por Santo Agostinho, influenciado pelo estoicismo, corrente filosófica grega de onde era originário. No seio do gnosticismo, o dualismo se funda na concepção de que o mundo não é criação de um Deus verdadeiro, mas de um deus inferior e invejoso do Deus superior, uma espécie de demiurgo dos gregos. Este roubou partículas do Deus superior (almas) e as aprisionou na matéria por ele criada. Como a matéria é má, o corpo é a prisão da alma e a salvação consiste em cada um libertar sua alma das amarras do mundo material, tomando distância dos vícios pela prática das virtudes. Santo Irineu de Lião, em sua obra *Adversus haereses*, nos fez chegar à concepção gnóstica a respeito da Criação, particularmente reproduzindo o sistema de Valentim, um dos principais representantes do gnosticismo, junto com Marcião e Basílides.

Trazido para o seio do Cristianismo, o dualismo grego contribuirá para a concepção do ser humano como um "espírito encarnado" num corpo, que é matéria má. Diferente do gnosticismo, no seio do Cristianismo dualista o mundo e o ser humano, outrora criados bons, foram "corrompidos" pelo pecado original. Em consequência, a salvação consiste em salvar a alma, fugindo do mundo e reprimindo as paixões da carne. Para Agostinho, mesmo com a ressurreição de Jesus o mundo continua mau e só será bom no juízo final, assim como o corpo também é mau e só será bom no juízo final, quando será ressuscitado e se unirá à alma. É baseado nessa cosmovisão grega e pejorativa do mundo material que Lutero, apoiado em Agostinho, dirá que, como o ser humano foi corrompido pelo pecado original, é árvore má, e como árvore má não pode dar bom fruto, o ser humano peca em tudo o que faz. As obras humanas, mesmo sendo boas, aos olhos de Deus são más, pois procedem de uma árvore má.

A concepção de salvação no seio da cultura semita

O Vaticano II, através da *Gaudium et Spes*, irá resgatar a concepção bíblica de ser humano, da Criação e de salvação, tal como foi recebida no seio da cultura semita, que não conhece dualismos: "O homem, ser uno, composto de corpo e alma, [...]" (*GS* 14). Santo Irineu de Lião, o pai da Teologia, foi quem primeiro elaborou um sistema de pensamento cristão, fundado diretamente nas Escrituras, no seio da cultura semita. Para ele, o mundo, por ser Criação de Deus, é bom e continua bom, mesmo depois do pecado original. O pecado introduziu uma desordem na natureza, mas não a corrompeu. Por sua vez, o ser humano não é um espírito encarnado, dado que não existe alma separada do corpo, nem antes do nascimento nem depois da morte. Ele é um todo, inseparável, também depois da morte. Coerente com a cultura semita, para o apóstolo Tomé, por exemplo, se Jesus ressuscitou, tem de ter corpo, pois do contrário é um fantasma.

Fundado nessa antropologia, que o Vaticano II designa como "unitária", o Cristianismo professa a fé numa salvação que abarca a pessoa inteira, incluída a Criação: "O homem, ser uno, composto de corpo e alma, sintetiza em si mesmo, pela sua natureza corporal, os elementos do mundo material, os quais, por meio dele, atingem a sua máxima elevação e louvam livremente o Criador" (*GS* 14). E como Deus quis nos salvar como povo (*LG* 9), a salvação, além de comunitária, abarca toda a humanidade e toda a obra da Criação. Ademais, a salvação não acontece depois da morte, mas "na" história, que é única, pois não há uma história profana e outra sagrada. Salvação não é algo espiritualizante, mas a promoção de mais vida, já a partir desta vida: "Eu vim para que tenham vida, e a tenham em abundância" (Jo 10,10). Por isso pareceu evidente a Santo Irineu de Lião, na aurora do Cristianismo, que a "a glória de Deus é o ser humano pleno de vida" (*gloria Dei homo vivens*).

É assim que o Cristianismo, consequente com o mistério da Encarnação, propõe à humanidade nada mais do que sermos plenamente humanos. *Medellín*, respaldado pela *Populorum Progressio*, associará a salvação à passagem de situações menos humanas para situações mais humanas (*Med* 1,5), na medida em que, pelo mistério da Encarnação, quanto mais divino, mais humano, e, quanto mais humano, mais divino.

Implicações pastorais da renovação do Vaticano II

João Paulo II, em *Redemptor Hominis* e *Centesimus Annus*, tira as consequências dessa postura para a ação evangelizadora: "o ser humano é o caminho da Igreja" (cf. *RH* 13; *CA* 53). Jesus é o caminho da salvação, mas o caminho da Igreja é o ser humano, pois ela existe para o cuidado, a defesa e a promoção da vida plena de todos os seres humanos, incluída a natureza, tal como colocou em evidência Francisco de Assis. Para o Papa Francisco, em *Evangelii*

Gaudium, evangelizar é humanizar – "somos depositários de um bem que humaniza" (*EG* 89, 264). Paulo VI dirá, em *Evangelii Nuntiandi*, que entre evangelização e promoção humana há laços intrínsecos e profundos (*EN* 31).

Nessa perspectiva, a Igreja na América Latina, coerente com o Concílio Vaticano II, testemunhará que "fazer do ser humano o caminho da Igreja" significa, antes de tudo, que ela seja uma Igreja samaritana, companheira de caminho de toda a humanidade, especialmente dos que sofrem (*GS* 1). Uma Igreja acolhedora, solidária, movida pela compaixão, mas também profética, que denuncia os mecanismos de opressão e exclusão e toma a defesa das vítimas, que clamam por justiça, nos diferentes rostos do complexo fenômeno da pobreza e da exclusão. Os mártires das causas sociais são a expressão mais genuína da opção pelos pobres, assumindo o conflito, para além de uma caridade assistencial, que humilha o excluído e alimenta o cinismo dos satisfeitos.

A proposta cristã, enquanto mediação de salvação da pessoa inteira e de todo o gênero humano, descentra a Igreja de suas questões internas, sintonizando-a com as grandes aspirações da humanidade e lançando-a numa missão não exclusiva. O espaço intraeclesial não esgota a missão da Igreja, sinal e instrumento do Reino de Deus no coração da história. Deus quer salvar a todos e a Igreja, como mediação privilegiada, precisa ser a Igreja de todos, sobretudo daqueles que não são Igreja. Por outro lado, fazer do ser humano o caminho da Igreja implica superar os paradigmas essencialistas e metafísicos da pré-Modernidade que olham para o ser humano de modo genérico e abstrato, um ser sem rosto e sem pátria, desvinculado da concretude da história e das contradições de seu contexto sociocultural. Deus quer a vida a partir do corpo.

A salvação de Jesus é a recapitulação do Plano da Criação – "Eu vim para que tenham vida e vida em abundância" (Jo 10,10). Jesus não é o autor de uma salvação a-histórica e espiritualizante, mas de uma salvação enquanto libertação de todos os sinais de morte. Com sua ressurreição ele transfigura tudo o que está desfigurado e leva à plenitude tudo o que está marcado pela finitude. A missão da Igreja é ser mediação da salvação de Jesus Cristo, salvação da pessoa inteira, de toda a humanidade e da obra da Criação, já redimida no Corpo Cósmico do Ressuscitado, que é o Crucificado, o Cristo Encarnado.

Pérola do tesouro do Concílio

Corpo e alma não se separam

"O homem, ser uno, composto de corpo e alma, sintetiza em si mesmo, pela sua natureza corporal, os elementos do mundo material, os quais, por meio dele, atingem a sua máxima elevação e louvam livremente o Criador (Dn 3,57-90). Não pode, portanto, desprezar a vida corporal; deve, pelo contrário, considerar o seu corpo como bom e digno de respeito, pois foi criado por Deus e há de ressuscitar no último dia. Todavia, ferido pelo pecado, o homem experimenta as revoltas do corpo. É, pois, a própria dignidade humana que exige que o homem glorifique a Deus no seu corpo (1Cor 6,13-20), não deixando que este se escravize às más inclinações do próprio coração" (*GS* 14a).

Questões para reflexão

1. Qual a diferença entre crer na "salvação da alma" e crer "na salvação da pessoa inteira e de toda a Criação"?
2. Qual a diferença entre crer na reencarnação e crer na ressurreição?
3. Que ações mostram que sua comunidade eclesial promove a salvação da pessoa inteira e de toda a Criação?

9

Da sacramentalização à evangelização integral

> É necessário que a vida cristã seja alimentada e regida pela Sagrada Escritura (*DV* 21); desconhecer a Escritura é desconhecer a Cristo (*DV* 25).

O Concílio Vaticano II mudou profundamente a Igreja. Entretanto, passados cinquenta anos de sua realização, as mudanças estão ainda mais nos documentos do que nas práticas eclesiais. Também em relação a uma das grandes mudanças da renovação conciliar, que marca uma descontinuidade com a situação de então da Igreja: a passagem da sacramentalização a uma evangelização integral.

Ainda na primeira hora da recepção do Concílio na América Latina, a *Conferência de Medellín* (1968) chamou a atenção para a necessidade de uma "nova evangelização", para superar o modelo pastoral da Cristandade, "baseado numa sacramentalização com pouca ênfase na prévia evangelização"; a pastoral de "uma época em que as estruturas sociais coincidiam com as estruturas religiosas [...]" (*Med* 6,1).

O que se ressalta com isso não é que os sacramentos não sejam importantes. Ao contrário, são tão importantes para a vida cristã que, por um lado, não podem ser oferecidos a pessoas não evangelizadas; e, por outro, para o Vaticano II, os sacramentos no itinerário da fé são mais pontos de chegada do que ponto de partida, tal como eram concebidos na Igreja primitiva e antiga. Naquela época a recepção do Batismo estava condicionada ao *catecumenato*, um processo de evangelização que durava entre dois e três anos.

Sacramentos a católicos não convertidos

Na história da Igreja, o catecumenato, como processo de *iniciação à vida cristã*, praticamente desapareceu ainda no século IV. O Cristianismo passou de religião perseguida a religião protegida pelo Império Romano. Com isso, houve a entrada em massa de "cristãos" na Igreja, mais por "decreto' do imperador do que por conversão pessoal. Com isso, passaremos de um Cristianismo de alta qualidade, espelhado no exemplo dos mártires como modelo de santidade, a um Catolicismo mais de conveniência social e escassa pertença eclesial.

O mais estranho é que a Igreja, em lugar de reagir, se acomodou à nova situação: passa a pressupor que os novos cristãos já estejam evangelizados, oferecendo-lhes os sacramentos quando, na realidade, se trata de católicos não convertidos, sem a experiência de um encontro pessoal com Jesus Cristo (*DAp* 243-245), como frisa *Aparecida*. Já não vai mais haver processo de iniciação cristã, catecumenato ou catequese permanente. Generaliza-se a ideia de que a mera recepção dos sacramentos salva por si só. Os sacramentos são concebidos e acolhidos como uma espécie de "remédio" ou "vacina espiritual". Basta recebê-los para ser salvo. São mais graça a simplesmente acolher do que um dom a frutificar na vida pessoal, comunitária e social.

Nesse contexto, como se trata de sacramentalizar, em vez da Bíblia coloca-se na mão do povo o catecismo da Igreja; em vez de teologia capaz de formar cristãos adultos na fé enquadra-se os fiéis na doutrina e nos dogmas. E a vida cristã praticamente se reduz ao culto em torno da paróquia, a qual, em lugar de fiéis, terá clientes que acorrem esporadicamente ao templo para receber bens espirituais fornecidos pelo clero.

A centralidade da Palavra na vida cristã

No contexto da renovação do Vaticano II, *Evangelii Nuntiandi* afirma que antes de sacramentalizar é preciso evangelizar, isto é, levar os interlocutores a se conectarem com Jesus de Nazaré e a Boa-Nova do Reino de Deus, inaugurado e anunciado por ele (*EN* 22). Evangelizar não é implantar a Igreja, mas propor a Boa-Nova do Reino, pela vivência e proclamação da Palavra de Deus. A Igreja é fruto da Palavra acolhida na fé. Para a constituição do Vaticano II *Dei Verbum*, "[...] ignorar as Escrituras é ignorar Cristo" (*DV* 25).

Por isso o Vaticano II voltou a colocar a Bíblia no centro da vida cristã (*PO* 4), consciente de que os membros de nossas comunidades eclesiais só serão verdadeiros discípulos de Jesus Cristo se estiverem em condições de levar a proposta da Palavra de Deus aos seus irmãos. E só estarão aptos para isso quando conhecerem e acolherem a Palavra, fazendo-a vida em sua própria vida. Em outras palavras, para que haja a passagem da sacramentalização a uma evangelização integral, é necessário que a Palavra seja a seiva que nutre, a partir de dentro, a globalidade da vida pessoal e eclesial, incluindo os serviços, os organismos e as estruturas. Segundo a *Dei Verbum*, "é necessário, portanto, que toda pregação eclesiástica, como a própria religião cristã, seja alimentada e regida pela Sagrada Escritura" (*DV* 21). A Palavra de Deus precisa animar as três vertentes da vida e ação eclesial: a profecia, a liturgia e a diaconia. O próprio presbítero, no período pré-conciliar denominado "sacerdote", no Vaticano II adquire nova denominação, dada a centralidade da Palavra, também em seu ministério: "[...] os presbíteros, como cooperadores dos Bispos, têm, como primeiro dever, anunciar a todos o Evangelho de Deus" (*PO* 4a). No Concílio, o presbítero não é o homem do culto, mas da Palavra.

A animação bíblica da pastoral

Daí a importância da animação bíblica da pastoral como um todo, a começar por um processo de iniciação à vida cristã, centrado na Palavra. Sem a Palavra não há catecumenato. E sem catecumenato ou iniciação à vida cristã os sacramentos estarão sendo recebidos de modo inadequado, uma vez que administrados a pessoas não evangelizadas.

É a animação bíblica da pastoral que assegura que os cristãos sejam introduzidos no conhecimento e na vivência da Palavra, tanto na vida pessoal como na vida eclesial e social. Sem esquecer, entretanto, que a iniciação cristã inclui também a introdução na vida comunitária, preferencialmente em pequenas comunidades eclesiais, a exemplo das CEBs. Nelas se dá o momento privilegiado para a vivência da Palavra e a maturidade de uma Igreja missionária, inserida profeticamente na sociedade.

Cabe, pois, à animação bíblica da pastoral, tornar presente não apenas a Bíblia, mas a "dimensão catequética" de toda e qualquer ação eclesial. Para isso é importante a pastoral bíblica, ou seja, a criação dos serviços e das estruturas necessárias para a animação bíblica de toda a vida eclesial: difusão do texto da Bíblia; a formação para uma adequada interpretação do texto, através de cursos e escolas bíblicas; a criação de Círculos Bíblicos; a promoção de encontros e congressos; a organização de comissões, comitês e organismos capazes de promover a animação bíblica etc. Isso só será possível se a animação bíblica da pastoral estiver inserida na pastoral orgânica e de conjunto e se esta for a promotora da responsabilidade de todos em fazer da Palavra a seiva que nutre, por dentro, todas as iniciativas pastorais.

Uma evangelização integral, mais que proclamar o querigma

Na perspectiva do Vaticano II, especialmente da *Gaudium et Spes*, como "evangelizar é tornar o Reino de Deus presente no mundo" (*EG* 176), do qual a Igreja é seu sacramento, trata-se de ir além de uma mera proclamação do querigma e de uma acolhida do dom da fé, restrita à intimidade individual. A evangelização é um processo gradativo e complexo, alicerçado no testemunho (*martyría*), no anúncio (querigma), na catequese (*disdaskalia*), na formação teológica (*krísis*), na celebração litúrgica daquilo que se espera (*leitourgía*) e no serviço (*diakonía*), em especial aos mais pobres, em espírito de comunhão com os irmãos na fé (*koinonía*).

A conversão, da qual o evangelizador é apenas mediação de Deus e sua graça, é muito mais do que uma mudança pessoal e do coração. A conversão do discípulo é em vista de uma missão no mundo, dado que a Igreja existe para o mundo, enquanto continuação da obra de

Jesus, que consistiu em tornar presente e, cada vez mais visível, o Reino de Deus, na concretude da história. Daí o compromisso cristão também com a mudança das estruturas, porquanto o pecado social não é a soma de pecados individuais, mas pecados pessoais que passaram às instituições. Para isso os sacramentos são dons preciosos, capazes de alimentar a vida cristã e de antecipar, na liturgia, aquilo que esperamos na fé, "um novo céu e uma nova terra" (Ap 21,1).

Pérola do tesouro do Concílio

A centralidade da Palavra

"'[...] ignorar as Escrituras é ignorar Cristo'. Acheguem-se, pois, de boa mente ao próprio texto sagrado, quer pela Sagrada Liturgia repleta das palavras de Deus, quer pela piedosa leitura, quer pelos cursos apropriados e outros meios que, com a aprovação e empenho dos Pastores da Igreja, hoje em dia louvavelmente se difundem por toda parte. Lembrem-se, porém, de que a leitura da Sagrada Escritura deve ser acompanhada pela oração, a fim de que se estabeleça o colóquio entre Deus e o homem; pois 'a ele falamos quando rezamos; a ele ouvimos quando lemos os divinos oráculos'" (*DV* 25a).

Questões para reflexão

1. Em sua comunidade eclesial, em que medida a Palavra de Deus é o centro da vida cristã, condição para uma recepção eficaz dos sacramentos?

2. Em sua comunidade eclesial há oportunidades e espaços de formação que contribuam para católicos maduros na fé?

3. Por que ainda se busca e se oferece os sacramentos sem a devida formação cristã?

10

Da *fuga mundi* à inserção no mundo

O que é a alma para o corpo, sejam os cristãos no mundo (*LG* 38).

Entre as maiores mudanças do Vaticano II, que marca uma descontinuidade com a situação de então da Igreja, está a definição de seu novo lugar no mundo. Era uma questão séria e complexa, que se arrastava por séculos. Para João XXIII, havia chegado a hora de levar a Igreja a fazer a passagem da conhecida postura de *fuga mundi* (fuga *do* mundo) a um frutífero diálogo e serviço da Igreja *no* mundo. É o que propõe a *Gaudium et Spes*, o primeiro documento a entrar na agenda do Concílio e o último a ser promulgado. E ainda não suficientemente maduro. Entretanto, passados cinquenta anos, ainda que a *Gaudium et Spes* seja o documento mais defasado do Concílio, sem dúvida continua sendo o documento mais importante do Vaticano II.

Não seria exagerado dizer que a *Gaudium et Spes*, na verdade, era o grande projeto de João XXIII para o Concílio, que ele idealizou e convocou. Com a publicação da encíclica *Mater et Magistra* (1961), o papa já acenava para o novo lugar que a Igreja precisava ocupar no mundo: não "fora" do mundo, nem "sobre" ou "sob" o mundo, mas precisamente *no* mundo, em seu seio, consciente de que ela está no mundo e existe para a salvação do mundo, como diria o Vaticano II logo depois.

O mundo na Bíblia e na cultura grega

O mal-estar na relação Igreja-mundo, que se prolongou até o Vaticano II, na realidade, como muitos outros problemas teológicos, havia começado ainda no século V, quando o Cristianismo se encontrou com a cultura helênica. A encarnação no mundo greco-romano enriqueceu a Igreja em alguns aspectos, mas também introduziu na fé cristã muitos elementos estranhos à revelação bíblica, que havia sido acolhida no seio da cultura semita.

Por exemplo, na Bíblia, mundo, matéria ou corpo são vistos de maneira positiva, pois são obras de Deus. Já a cultura grega, particularmente o estoicismo, olha o mundo com desprezo, pois crê que a matéria se opõe ao espírito, da mesma forma que o corpo é a prisão da alma. Na Bíblia, o mundo, porque foi criado por Deus, é "bom" e foi dado pelo Criador a todos os seres humanos, para nele fazerem história de salvação, promovendo vida e aperfeiçoando-o pelo seu trabalho. Já na cultura grega se professa a necessidade de tomar distância do mundo da matéria e refugiar-se no mundo do espírito. Infelizmente, essa concepção entrou no Cristianismo e reinou do século V até o Vaticano II.

Na Cristandade: Igreja *e* mundo

A relação Igreja-mundo, nos moldes da cultura helênica, antes de ser superada pelo Vaticano II, passou por duas fases distintas. Na primeira, no período da Cristandade, que vai do século V até o advento da Modernidade, no século XVI, o modo de relação pode ser definido como Igreja *e* mundo, ou seja, duas realidades separadas, diante das quais o cristão deve refugiar-se no espiritual pela fuga *do* mundo. Entende-se que há duas histórias, a profana (do mundo) e a história da salvação (da Igreja). O que conta para a salvação é o que se faz na esfera do religioso. O mundo e a história profana são indiferentes à salvação. O profano, para ser salvo, precisa ser trazido para dentro do sagrado, ou seja, a sociedade civil precisa ser cristã, da mesma forma que o poder temporal deve ser investido pela Igreja e estar a serviço dela.

Expressão da *fuga mundi* é a supremacia da contemplação em relação à ação, assim como a repressão do corpo e da sexualidade pela exaltação da virgindade. Com isso, o modelo de santidade, que até então era o mártir, agora passa a ser o monge, recolhido num mosteiro "fora" do mundo, dedicado à vida contemplativa e celibatário. No período da Cristandade, a Igreja fará raros santos leigos na vida ativa e menos ainda se casados.

Na neocristandade: Igreja *versus* mundo

Uma segunda fase da relação Igreja-mundo, nos moldes da cultura helênica, deu-se no período da neocristandade. Com o advento da Modernidade e a emancipação da sociedade civil, fruto da autonomia do temporal diante do religioso, a Igreja, sobretudo a partir do século XIX, colocará de pé o projeto de uma neocristandade, termo cunhado por Jacques Maritain.

No seio deste projeto, como o clero não é mais aceito pela sociedade emancipada do poder religioso, a Igreja enviará os leigos como extensão do braço do clero, com a missão de reconquistá-la para a Igreja. Para isso, assume-se uma postura apologética, pois se crê que o mundo se opõe e conspira contra a Igreja. Como soldados de Cristo, os cristãos precisam combater o mundo moderno e recolocar a Igreja no topo da pirâmide social, tal como no período da Cristandade. Para ser salvo, o mundo precisa ser integrado à Igreja; a sociedade, recristianizada; a cultura deve voltar a ser cristã; enfim, o Estado precisa voltar a estar a serviço dos ideais da Igreja. Em lugar de uma Igreja servidora do mundo, na neocristandade temos uma Igreja absorvedora do mundo, empenhada em integrá-lo a ela, condição para que o mundo seja salvo.

No Vaticano II: Igreja *no* mundo

O Vaticano II, em sua "volta às fontes", levará a Igreja, enfim, a fazer a passagem da fuga *do* mundo à inserção *no* mundo (*AG* 15b). Para a *Gaudium et Spes*, o mundo é Criação de Deus, marcado pelo pecado, mas não corrompido (*GS* 9d). A Igreja está no mundo e existe para a salvação do mundo. Não é o mundo que está na Igreja, é a Igreja que está no mundo: "a […] Igreja […] existe neste mundo e com ele vive e atua" (*GS* 40a). Como o mundo é constitutivo da Igreja, buscar fugir do mundo é continuar dentro dele de forma alienada. Para salvar o mundo, é preciso assumi-lo – "o que não é assumido não é redimido" (Santo Irineu). Consequentemente, "o ser humano é o caminho da Igreja" (João Paulo II), pois "o Cristianismo não propõe nada mais à humanidade do que sermos plenamente humanos" (Fernando Bastos de Ávila).

Para o Vaticano II, cabe à Igreja, portanto, inserir-se no mundo, não para trazê-lo para dentro da Igreja (missão centrípeta), mas para tornar presente nele o Reino de Deus, no "diálogo e no serviço ao mundo" (missão centrífuga): "A Igreja, porém, não quer, de maneira nenhuma, imiscuir-se no governo da cidade terrena. Nenhuma outra autoridade reclama para si senão a de, com a ajuda de Deus, estar ao serviço dos homens pela caridade e pelo serviço fiel" (*AG* 12d). A Igreja existe para servir o mundo, para que o mesmo seja cada vez mais justo e solidário: "O cristão que descuida os seus deveres temporais, falta aos seus deveres para com o próximo e até para com o próprio Deus, e põe em risco a sua salvação eterna" (*GS* 43a).

Isso se faz de duas formas: de um lado, pela pastoral social, alicerçada no Ensino Social da Igreja e na opção pelos pobres, e, de outro, pelo engajamento dos cristãos como cidadãos no mundo, seja nos corpos intermediários (organizações sociais), seja na política, condição para a promoção do bem comum. O Reino de Deus, em sua dimensão imanente, se confunde com uma nova sociedade, justa e solidária, um mundo onde caibam todos.

Assim, depois do Concílio Vaticano II, já não se pode pensar a vivência da fé fora da indissociabilidade do trinômic Igreja-Reino-mundo. Por um lado, o discipulado remete a Jesus de Nazaré e, a missão, à continuidade de sua obra; e, por outro, a Igreja se remete ao Reino, símbolo dos desígnios de Deus para o mundo. Não há Igreja sem Reino de Deus e fora do mundo, da mesma forma que não há Reino de Deus fora do mundo, ao qual pertence a Igreja. Enquanto germe e princípio do Reino de Deus, na concretude da história, a missão da Igreja se dá no mundo e para o mundo.

Pérola do tesouro do Concílio

Compromisso dos cristãos no mundo

"O Concílio exorta os cristãos, cidadãos de ambas as cidades, a que procurem cumprir fielmente os seus deveres terrenos, guiados pelo espírito do Evangelho. Afastam-se da verdade os que, sabendo que não temos aqui na terra uma cidade permanente, mas que vamos em demanda da futura (Hb 13,14), pensam que podem por isso descuidar os seus deveres terrenos, sem atenderem a que a própria fé ainda os obriga mais a cumpri-los, segundo a vocação própria de cada um (cf. 2Ts 3,6-13; Ef 4,28).

Mas não menos erram os que, pelo contrário, opinam poder entregar-se às ocupações terrenas, como se estas fossem inteiramente alheias à vida religiosa, a qual pensam consistir apenas no cumprimento dos atos de culto e de certos deveres morais. Este divórcio entre a fé que professam e o comportamento quotidiano de muitos deve ser contado entre os mais graves erros do nosso tempo.

[...] Não se oponham, pois, infundadamente, as atividades profissionais e sociais, por um lado, e a vida religiosa, por outro. O cristão que descuida os seus deveres temporais, falta aos seus deveres para com o próximo e até para com o próprio Deus, e põe em risco a sua salvação eterna. A exemplo de Cristo que exerceu um mister de operário, alegrem-se antes os cristãos por poderem exercer todas as atividades terrenas, unindo numa síntese vital todos os seus esforços humanos, domésticos, profissionais, científicos ou técnicos com os valores religiosos, sob cuja elevada ordenação, tudo se coordena para glória de Deus" (*GS* 43a).

Questões para reflexão

1. Por que há segmentos da Igreja que continuam confinando a fé cristã na esfera do espiritual sem incidência na sociedade?

2. Que nomes de cristãos que souberam combinar contemplação e ação, oração e militância na sociedade se pode evocar?

3. Em sua comunidade eclesial ou diocese, que grupos de cristãos desenvolvem um serviço no mundo, especialmente aos mais pobres?

11

Da apologia ao diálogo e serviço ao mundo

> A Igreja deve estar presente na comunidade dos povos, para fomentar e despertar a cooperação entre as pessoas, [...] inspirada somente pelo desejo de prestar serviço a todos (*GS* 89a).

Outra grande mudança do Vaticano II, que marca uma descontinuidade com a situação de então da Igreja, diz respeito à sua postura diante do mundo. Uma das características da personalidade de João XXIII era a visão positiva e otimista diante do mundo, em contraste com a atitude que imperava na Igreja, desde o início do período da neocristandade. Resultado de sua insistência, tal atitude foi assumida pelos padres conciliares. A constituição *Gaudium et Spes*, já em sua designação, expressa a nova postura da Igreja, não mais de apologia "diante" do mundo, mas de diálogo e serviço *no* mundo (*GS* 40), consciente de que sua missão é salvar e não condenar (*GS* 43).

Ao contrário do que alguns têm acusado o Concílio, o Vaticano II fez uma leitura positiva do mundo moderno, sem ser ingênua: "O mundo atual apresenta-se, assim, simultaneamente poderoso e débil, capaz do melhor e do pior, tendo patente diante de si o caminho da liberdade ou da servidão, do progresso ou da regressão, da fraternidade ou do ódio" (*GS* 9d). Apoiada nas ciências que têm o mundo como seu objeto, a Igreja, sem deixar de identificar as contradições e limites do projeto civilizacional moderno, foi capaz de ver também seu lado luminoso, de ler os novos "sinais dos tempos" (*GS* 4a) e, assim, acolher os valores do mundo novo, até então vistos como antivalores.

Diante de padres conciliares que pediam para reservar um bom tempo dos trabalhos para proclamar os "anátemas" contra o mundo moderno, o Papa João XXIII frisou que ele havia convocado um Concílio "não para condenar, mas para abençoar". Era importante acolher a obra que Deus, em seu Espírito, tinha forjado num mundo aparentemente hostil à fé cristã. Evidente que o mundo moderno também apresenta limites, que devem ser sinalizados. Entretanto, sempre o mais importante para a Igreja é, consciente da ambiguidade da história, em meio a luzes e sombras, saber identificar nela a presença salvadora de Deus (*GS* 9d).

Apologia e reconquista

No período da neocristandade, a Igreja assumiu uma postura apologética. Ela consiste em justificar e defender o próprio ponto de vista, partindo do princípio que o interlocutor está equivocado e que ele se constitui uma ameaça à convivência pautada pela verdade, que se tem a certeza de possuí-la. E como se trata de justificar e defender não para si, mas em relação ao outro, do qual se torna prisioneiro, todo apologista é sempre um prosélito.

Tal foi a postura da Igreja diante da emancipação da sociedade moderna em relação ao poder religioso, que esteve no topo da pirâmide social durante todo o período da Cristandade. A Igreja, através de leigos "mandatados", que recebiam o mandato de ser extensão do braço do clero, dado que este já não era mais aceito pela sociedade emancipada como "exército de Cristo" ou "legião de soldados" em combate aos inimigos da fé, lança um projeto de uma missão centrípeta, de recristianização, em vista de uma reconquista da Cristandade perdida. A consagração de municípios ou países ao Coração de Jesus e a própria instituição da Festa de Cristo Rei num momento histórico em que se contesta a tutela do poder religioso sobre o poder civil são expressões de uma Igreja absorvedora do mundo.

O projeto é levado à pratica através das associações de fiéis e de movimentos apostólicos, muito deles com seus estandartes e hinos marciais, que têm como meta ir para fora da Igreja para trazer de volta as ovelhas desgarradas para dentro dela. No campo da teologia, aparecem os "manuais" de justificação e defesa da postura da fé diante da razão moderna; na catequese, surgem os catecismos, que definem uma doutrina sólida e de contornos nítidos diante dos questionamentos das ciências à cosmovisão bíblica de então.

Nesse período, os maiores inimigos da Igreja no campo religioso são os protestantes, assim como as religiões não cristãs – no Brasil, em especial, o espiritismo e a umbanda; no campo civil, polemiza-se com os ideais positivistas, especialmente com a maçonaria. Eventos de expressão dessa postura apologética, em âmbito mundial, são o Concílio Vaticano I e, em âmbito latino-americano, a I Conferência Geral dos Bispos da América Latina, realizada no Rio de Janeiro em 1955.

O diálogo como atitude

"Diálogo" e "serviço" são duas categorias que expressam a nova postura da Igreja em relação ao mundo, inaugurada pelo Vaticano II, superando radicalmente a atitude e a prática apologética, que reinava até então (*GS* 40). Antes de tudo, uma atitude de diálogo, porque a Igreja toma consciência de que ela não possui a verdade; é a verdade, da qual é também discípula, que a possui e a ultrapassa infinitamente. Em outras palavras, toma-se consciência de que, em vez de pretender possuir a verdade, antes é preciso deixar-se possuir por ela, com a humildade de reconhecer que a mesma também se faz presente; para além de suas fronteiras e dos sujeitos que a integram. Uma atitude importante, capaz de fazer o Concílio abrir a Igreja para o diálogo com as ciências, o ateísmo (*GS* 44a), as demais Igrejas (*UR* 3), as religiões (*DH* 2), as culturas (*AA* 7e), sem esquecer a importância do diálogo interno à própria Igreja, no respeito à diversidade, que passa a legitimar até mesmo um pluralismo teológico (*UR* 4g).

O Vaticano II estabeleceu um diálogo da Igreja também com a sociedade civil autônoma, pois, como diz a *Gaudium et Spes*, a Igreja não tem todas as respostas aos problemas do mundo de hoje:

> Guarda do depósito da palavra divina, onde se vão buscar os princípios da ordem religiosa e moral, a Igreja, embora nem sempre tenha uma resposta já pronta para cada uma destas perguntas, deseja, no entanto, juntar a luz da revelação à competência de todos os homens, para

que assim receba luz o caminho recentemente empreendido pela humanidade (*GS* 33b).

Mas a Igreja tem o dever de contribuir com a solução dos problemas que afetam a humanidade, tarefa impossível sem ela se colocar como interlocutora de todas "as pessoas de boa vontade", na expressão de João XXIII. Enfim, sente-se que é hora de passar do discurso moralizante ou da mera afirmação de princípios, por melhores que sejam, a uma postura propositiva, mesmo profética, quando a situação exigir.

O serviço como ação

Para o Vaticano II, entretanto, não basta o diálogo, por melhor que seja. A eficácia da fé exige que se passe da palavra à ação. Por isso a importância do "serviço" que a Igreja deve prestar ao mundo (*GS* 3b) ou à humanidade como um todo (*GS* 43). Um serviço, porém, não de intervenção da instituição ou de suas autoridades na sociedade civil, de forma paternalista ou intervencionista, tal como se fazia na Cristandade: "A Igreja, porém, não quer, de maneira nenhuma, imiscuir-se no governo da cidade terrena. Nenhuma outra autoridade reclama para si senão a de, com a ajuda de Deus, estar ao serviço dos homens pela caridade e pelo serviço fiel" (*AG* 12d). Na perspectiva do Concílio, o serviço dos cristãos, tal como mencionamos anteriormente, dá-se de duas formas: seja pela pastoral social, alicerçada no Ensino Social da Igreja e na opção pelos pobres, seja pelo engajamento dos cristãos como cidadãos na sociedade autônoma (*GS* 42).

Para servir ao mundo, descobre-se a importância da formação da consciência cidadã, no respeito à autonomia do temporal; da presença dos cristãos, em atitude de serviço e colaboração, no espaço público; de somar com iniciativas públicas, privadas e de outras instituições ou Igrejas, que convergem com os ideais evangélicos; enfim, de buscar assessoria de pessoas de ciência, universidades, especialistas e profissionais dos diferentes campos da atividade humana, em vista de uma maior eficácia dos ideais evangélicos, que não propõem nada mais do que sermos plenamente humanos.

Pérola do tesouro do Concílio

Serviço ao mundo

"Certamente, a missão própria confiada por Cristo à sua Igreja, não é de ordem política, econômica ou social: o fim que lhe propôs é, com efeito, de ordem religiosa. Mas desta mesma missão religiosa deriva um encargo, uma luz e uma energia que podem servir para o estabelecimento e consolidação da comunidade humana segundo a lei divina. E também, quando for necessário, tendo em conta as circunstâncias de tempos e lugares, pode ela própria, e até deve, suscitar obras destinadas ao serviço de todos, sobretudo dos pobres, tais como obras caritativas e outras semelhantes" (*GS* 42a).

Questões para reflexão

1. Que segmentos da Igreja, hoje, professam, por atitudes e ou ações, uma postura apologética diante do mundo?

2. Uma postura de diálogo e serviço ao mundo não coloca a Igreja numa atitude de submissão ao mundo de hoje?

3. Que iniciativas em sua comunidade eclesial são expressão de "serviço" da Igreja ao mundo?

12

De uma Igreja de prestígio e poder a uma Igreja pobre

> Assim como Cristo consumou a obra da redenção na pobreza e na perseguição, assim a Igreja é chamada a seguir o mesmo caminho, a fim de comunicar à humanidade os frutos da salvação (*LG* 8b).

Uma outra grande mudança do Vaticano II, que marca uma descontinuidade com a situação de então da Igreja, diz respeito ao sonho de João XXIII, de "uma Igreja pobre e para os pobres". Ainda na década de 1950, os países do "Primeiro Mundo", atônitos, haviam sido sacudidos pela "irrupção dos pobres" dos países do "Terceiro Mundo", até recentemente colônias exploradas por suas metrópoles.

O Papa João XXIII, em sua encíclica *Mater et Magistra*, de 1961, toma posição diante dessa pobreza estrutural advertindo que, "onde quer que isto se verifique, deve-se declarar explicitamente que estamos diante de nova forma de colonialismo, a qual, por mais habilmente que se disfarce, não deixará de ser menos dominadora do que a antiga, que muitos povos deixaram recentemente" (*MM* 171).

Pouco depois, o papa, em uma mensagem radiofônica levada ao ar cerca de um mês antes da abertura do Concílio Vaticano II, compromete a Igreja como um todo com a causa dos pobres: "[...] a Igreja se apresenta e quer realmente ser a Igreja de todos, em particular, a Igreja dos pobres". Era o início de um processo de passagem de uma Igreja prestígio e poder a uma Igreja pobre e para os pobres.

O movimento dos padres operários, inicialmente incompreendido e condenado pela Igreja, já havia mostrado a necessidade do testemunho de uma Igreja pobre e para os pobres. Muito antes, as ordens mendicantes, em especial o franciscanismo, havia levantado o desafio de um segmento mais radical de um Jesus pobre e itinerante.

O grupo de trabalho "Igreja dos Pobres"

João XXIII queria que o ideal de uma "Igreja pobre e para os pobres" fosse uma ótica estruturante do Concílio Vaticano II como um todo, na perspectiva da opção pelos pobres, explicitada pela Igreja na América Latina por ocasião da *Conferência de Medellín*. O apelo do papa encontrou eco em bom número de padres conciliares, entre eles o Cardeal Lercaro, de Bolonha. Já na Primeira Sessão constitui-se em torno dele um grupo de trabalho denominado "Igreja dos Pobres". Inicialmente, eram onze bispos predominantemente de língua francesa e nove bispos brasileiros, entre os quais Dom Helder Camara. Pouco depois, o grupo chegou a trinta e seis, entre eles o Patriarca Maximos IV e dezesseis bispos brasileiros. Ao final do Concílio, o grupo tinha trinta e nove membros, dentre os quais vinte eram latino-americanos. Os trabalhos de secretaria estiveram a cargo de Paul Gauthier e Marie-Thérèse Lescase.

Por razões diversas, o ideal de João XXIII de uma "Igreja pobre e para os pobres" e as contribuições do trabalho do grupo "Igreja dos Pobres", em grande medida, ficou à margem do Concílio. Esperava-se que entrasse, pelo menos, na *Gaudium et Spes*, mas sua gestão foi difícil e de forma ainda prematura teve de ser promulgada no final da Quarta Sessão, sem que a questão dos pobres fosse estruturante do texto. O Papa Paulo VI achava que o Concílio deveria ser encerrado naquele ano, depois de quatro intensos anos de trabalho, durante o qual as Igrejas locais estavam ansiosas por começar o processo de recepção da renovação conciliar. Para cobrir a lacuna, o papa prometeu publicar, logo que possível, uma encíclica sobre a questão dos pobres, o que realmente aconteceu em 1967, com a *Populorum Progressio*.

De fato, nessa encíclica o papa amplia tanto o enfoque como o contexto da *Gaudium et Spes*, não só assumindo com mais clareza a problemática do "Terceiro Mundo" como colocando os pobres no centro do diagnóstico e das diretrizes de ação da Igreja, em vista da promoção de um mundo inclusivo de todos. Era o Magistério pontifício assumindo a "irrupção dos pobres" no campo social, bem como, no campo eclesial, as iniciativas inovadoras dos jovens da Ação Católica Especializada e de uma nova geração de teólogos da América Latina, que refletia a fé em perspectiva libertadora. A opção pelos pobres, não só como indivíduos, mas também como povos e como hemisfério sul, era uma necessidade sentida pelos cristãos engajados na sociedade em perspectiva profética e libertadora.

Pacto das Catacumbas

Entretanto, o esforço e a dedicação do grupo "Igreja dos pobres" não iriam desaparecer com o encerramento do

Concílio. Ao final da Quarta Sessão, o grupo mais permanente, composto por trinta e nove bispos, selou, em 16 de novembro de 1965, numa concelebração discreta realizada na Catacumba de Santa Domitila, um compromisso com a pobreza e o serviço aos mais pobres, que passou a ser conhecido como "Pacto das Catacumbas". Em seguida, o pequeno documento de treze compromissos, intitulado "Pacto das Catacumbas por uma Igreja Serva e Pobre", recolheu a assinatura de mais de quinhentos padres conciliares.

O "Pacto das Catacumbas" sinaliza duas mensagens principais. Na primeira parte, que o mensageiro também é mensagem. No primeiro compromisso, os bispos signatários se comprometem "a viver segundo o modo ordinário" do povo, no que diz respeito a casa, alimentação e locomoção. Eles têm consciência de que o modo como moramos e nos locomovemos é também mensagem. No segundo compromisso, os bispos decidem "renunciar para sempre a aparência e realidade de riqueza", seja no vestir, seja nos símbolos do episcopado em metais preciosos. Em outras palavras, estão dizendo que o modo como nos vestimos é igualmente mensagem. Em consequência, dizem que recusarão que os chamem "com nomes e títulos que expressem grandeza e poder", como também evitarão, conforme registra o sexto compromisso, conceder "privilégios ou preferência aos mais ricos e poderosos". No quarto compromisso, os bispos se comprometem a ser mais pastores do que administradores, para poder estar mais livres no serviço às pessoas (*LG* 24), especialmente aos mais pobres. Em resumo, o "Pacto das Catacumbas" em sua primeira parte, põe em evidência uma exigência radical da mensagem cristã: a toda evangelização explícita precede necessariamente uma evangelização implícita. A primeira forma de falar de Deus é falar dele, sem falar. Antes de explicitar a positividade cristã, antes de apresentar a proposta evangélica, cabe ao mensageiro ser mensagem. Mostrar a fé antes de demonstrá-la.

Na segunda parte do Pacto das Catacumbas, a segunda mensagem: a instituição também é mensagem. Além do mensageiro, a instituição eclesial, em sua organização, estruturas e configuração histórica, também é mensagem. Como frisou o Concílio Vaticano II, a Igreja é "sacramento do Reino de Deus, seu germe e princípio" (cf. *LG* 5b). Nessa perspectiva, os bispos signatários do Pacto não se limitam ao testemunho pessoal, mas se propõem adequar também a instituição eclesial, em sua configuração histórica, à proposta da mensagem cristã. A visibilidade histórica da Igreja como instituição precisa estar estreitamente ligada à sua vocação de ser sacramento do Reino de Deus, na provisoriedade do tempo. No nono compromisso, os bispos se propõem a transformar as obras de beneficência, assistenciais, em obras sociais, na perspectiva da promoção da justiça. No décimo compromisso, comprometem-se a fazer todo o possível para que Estados, governantes e serviços públicos promovam a justiça, a igualdade e o desenvolvimento integral. No décimo primeiro, os bispos assumem o compromisso de urgir que os organismos internacionais promovam estruturas econômicas e culturais que não gerem nações pobres em um mundo cada vez mais rico. No oitavo, propõem-se a dedicar seu tempo e reflexão, bem como os meios de que dispõem, preferencialmente aos pobres. Outrossim, prometem apoiar leigos, religiosos, diáconos e presbíteros que se dispõem a inserir-se no lugar social dos pobres.

Certamente, no Pacto das Catacumbas, o ideal de João XXIII, de uma "Igreja pobre e para os pobres", embora não tivesse entrado de maneira mais estruturante nos documentos do Vaticano II, não deixou de encontrar eco e fazer-se presente, ainda que de outro modo, na Aula Conciliar. E mais que isso, a iniciativa dos trinta e nove bispos integrantes do grupo "Igreja dos Pobres", subscrita por aproximadamente quinhentos padres conciliares, encontraria terreno fértil na América Latina. A *Conferência de Medellín*, celebrada em 1968, em sintonia com o espírito do Pacto das Catacumbas, está na gênese da opção pelos pobres, das comunidades eclesiais de base, do testemunho dos mártires das causas sociais, da teologia da libertação, todas bandeiras implícitas na reflexão do grupo "Igreja dos Pobres".

Pérola do tesouro do Concílio

Uma Igreja pobre e para os pobres

"[Os presbíteros] Antes são convidados a abraçar a pobreza voluntária, pela qual mais claramente se configuram com Cristo e se tornam mais aptos para o sagrado ministério" (*PO* 17d).

"Guiados, pois, pelo Espírito do Senhor que ungiu o Salvador e o enviou a evangelizar os pobres (Lc 4,18), os presbíteros, assim como os Bispos, evitem tudo o que possa de algum modo afastar os pobres, fugindo, mais que os restantes discípulos de Cristo, a toda a sombra de vaidade nas suas coisas. Disponham a sua habitação de maneira que não se torne inacessível a ninguém, e que ninguém, por mais humilde que seja, tenha receio de se abeirar dela" (*PO* 17e).

Questões para reflexão

1. O que significa dizer que a opção pelos pobres, nas palavras do Papa Bento XVI em Aparecida, "está implícita na fé cristológica"?

2. Que bispos do Brasil foram membros do grupo "Igreja dos Pobres"?

3. Passados cinquenta anos do Vaticano II, você acha que o compromisso com uma "Igreja pobre e para os pobres" avança ou está retrocedendo?

13

Do eclesiocentrismo à salvação também fora da Igreja

> Deus pode, por caminhos dele conhecidos, levar as pessoas à fé, que sem culpa própria, ignoram o Evangelho (*AG* 7a).

Uma das grandes mudanças do Vaticano II, que marca uma descontinuidade com a situação de então da Igreja, diz respeito à concepção de salvação e suas mediações para alcançá-la. Até então, reinava a doutrina "fora da Igreja (Católica) não há salvação" (*extra Ecclesiam nulla salus*). O raciocínio era simples: como a Igreja é o "Corpo de Cristo" e Cristo é o único salvador, quem não crer em Cristo e não for batizado, ou seja, quem não pertencer à Igreja, não será salvo, porque não pertence ao Corpo de Cristo. Dizia-se que, para salvar-se, era necessário pertencer à Igreja, pois os únicos meios deixados por Cristo para a salvação são os sete sacramentos, dos quais só a Igreja Católica é depositária.

Trata-se do denominado eclesiocentrismo, que não só coloca o Reino de Deus exclusivamente dentro da Igreja como faz desta a proprietária de Cristo. O Vaticano II, em sua "volta às fontes" bíblicas, formulou uma nova doutrina da salvação, distinguindo Igreja e Reino de Deus (*LG* 5), bem como ligando o Plano da Redenção ao Plano da Criação e, com isso, integrando também o Espírito Santo na obra da redenção. Segundo a *Lumen Gentium*, se o "corpo místico de Cristo" fosse a única verdadeira definição da Igreja, o papel do Espírito ficaria reduzido (*LG* 6).

O modelo eclesiocêntrico

Na doutrina da salvação, a postura clássica da Igreja da Cristandade é conhecida como "modelo eclesiocêntrico", que tinha como máxima *extra Ecclesiam nulla salus* (fora da Igreja não há salvação). A expressão remete a Cipriano de Cartago (†258), dirigida a hereges cristãos e, diga-se de passagem, não a outras religiões ou a pessoas sem religião. O que ele queria frisar é que na Igreja dos hereges não havia salvação e não propriamente que houvesse salvação somente na autêntica Igreja. No século XIV, entretanto, a expressão foi retomada e usada pelo Papa Bonifácio VIII em sua bula *Unam Sanctam* (1302), ampliando seu sentido. Nesse documento se restringe a salvação aos meios que a Igreja Católica dispõe. Segundo esse modelo, só há salvação se há reconhecimento explícito de Jesus Cristo e incorporação sacramental à Igreja Católica. É o que teologicamente se convenciona chamar de "unicidade e universalidade salvífica da Igreja".

O modelo cristocêntrico

O Vaticano II supera o modelo eclesiocêntrico (exclusivismo salvífico), substituindo-o pelo "modelo cristocêntrico" (*GS* 10b) (inclusivismo salvífico). Nesse modelo se mantém a afirmação do caráter único e universal de Jesus

Cristo (unicidade e universalidade de Cristo), mas não no sentido de que para participar da salvação de Jesus Cristo tenha-se de confessá-lo explicitamente: "[...] embora Deus, por caminhos que só ele sabe, possa conduzir à fé, [...] os homens que ignoram o Evangelho sem culpa sua, [...]" (*AG* 7a). Parte-se do princípio de que o acontecimento irrepetível de Cristo, que morreu e ressuscitou por toda a humanidade, configura e ilumina os atos humanos, desde o interior deles mesmos, pelo Espírito. Todos os que se salvam, salvam-se em vista das obras que se reivindicam das obras de Jesus Cristo, que os converte numa espécie de "cristãos anônimos", na expressão de Karl Rahner.

Em outras palavras, tal como atesta o Evangelho de Mateus, cap. 25 ("tive fome, tive sede... e me socorreste. Quando, se eu nunca te vi?"), o que salva não é simplesmente a fé *em* Jesus (dizer: *Senhor, Senhor!*), mas a fé *de* Jesus, isto é, vivendo a vida e praticando as obras que Jesus fez, ainda que sem conhecê-lo ou confessá-lo explicitamente. Os que vivem a fé *de* Jesus, é verdade, não são membros da Igreja, mas são membros do "Corpo de Cristo" pelo Espírito, na medida em que integram o Reino de Deus, que está presente para além das fronteiras da Igreja.

Não há salvação fora de Cristo, mas sim da Igreja

Assim, não há salvação fora de Cristo, mas há salvação fora da Igreja (*AG* 7), pois aqueles que vivem as bem-aventuranças de Jesus, ainda que implicitamente, pertencem ao Reino de Deus. A Igreja é "uma" das mediações de salvação dentre outras, evidente que não uma mediação qualquer, é uma mediação privilegiada, pois é depositária da Palavra de Deus e dos sacramentos, mas não é a única. Como afirma o Vaticano II, Deus, em seu mistério de Amor, dispõe de outras mediações de salvação, que só ele conhece, ainda que sejam sempre mediações em Cristo, pelo Espírito (*GS* 22e). A Igreja não tem o monopólio do amor, da justiça, do bem, da verdade... Não é proprietária de Cristo, muito menos do Espírito Santo, que, como diz o Concílio, sopra "onde, em quem e quando" ele quer (*LG* 16).

A superação do eclesiocentrismo pela distinção entre Igreja e Reino de Deus (*LG* 5), operada pelo Vaticano II, fez-nos tomar consciência da presença e da atuação do Espírito para além das fronteiras da Igreja (*GS* 22e). Ele está presente, como dinamizador da vida, tanto na obra da Criação como na obra da Redenção. Como dizia Santo Irineu, Jesus e o Espírito Santo são os dois braços pelos quais o Pai age e faz acontecer seu projeto de vida e salvação. No Plano da Criação, a ação do Espírito converge para Cristo e, no Plano da Redenção, para a consumação do Reino de Deus. Nada existe e foi feito fora do Espírito, como também fora de Jesus Cristo.

A necessária distinção entre Igreja e Reino de Deus

Segundo o Vaticano II, a Igreja não é o Reino de Deus, mas apenas seu germe e princípio, o que não é pouco: "[...] a Igreja, enriquecida com os dons do seu fundador e guardando fielmente os seus preceitos de caridade, de humildade e de abnegação, recebe a missão de anunciar e instaurar o Reino de Cristo e de Deus em todos os povos e constitui o germe e o princípio deste mesmo Reino na terra" (*LG* 5,2). Assim, a comunidade dos discípulos de Jesus, que é a Igreja, não se identifica com o Reino de Deus. Ela é sacramento do Reino, que não acontece somente na Igreja, como comunidade socialmente constituída dos redimidos. Como também não acontece somente na interioridade secreta da consciência, na meta-histórica subjetividade religiosa, mas se produz na concretude da realização do amor ao próximo, apesar da ambiguidade da história, em suas objetivações empiricamente perceptíveis.

Antes do missionário sempre chega o Espírito Santo

O Vaticano II nos fez tomar consciência de que, antes de missionário, sempre chega o Espírito Santo: "Embora o Espírito Santo suscite, de muitos modos, na Igreja de Deus, o espírito missionário, e não poucas vezes se anteceda à ação dos que governam a vida da Igreja, [...]" (*AG* 29c). Evangelizar é encarnar na história mistérios de um Reino inaugurado por Jesus, mas já implicitamente presente, desde a Criação. Mesmo que implicitamente, tudo o que é vida, bondade, justiça, amor, paz, é obra do Espírito e presença do Reino de Deus. A primeira obra do missionário, pois, não é anunciar Jesus Cristo, mas acolher as "sementes do Verbo" (Justino de Roma), presentes nos interlocutores e em sua cultura por obra do Espírito, que move os corações a convergir para a obra de Cristo. Isso implica, na ação evangelizadora, também colaborar com aqueles que agem no Espírito, mas não pertencem à Igreja.

Nessa perspectiva, para além das fronteiras eclesiais, o cristão, como cidadão do Reino, é companheiro de caminho e de trabalho de todas as pessoas de boa vontade pertencentes a outras Igrejas ou a outros credos, ou simplesmente professantes de um humanismo "aberto ao Absoluto", como diz Paulo VI na *Populorum Progressio* (42). Isso não diminui em nada o valor da Igreja como mediação de salvação. Ela continua sendo uma mediação privilegiada, enquanto depositária dos meios que Jesus explicitamente revelou, como são a Palavra de Deus e os sacramentos (*UR* 3e). Entretanto, não são os únicos. Com isso, o Vaticano II coloca em evidência o imperativo de superar o eclesiocentrismo pelo reconhecimento da existência de outras mediações de salvação, para além da mediação da Igreja (*AG* 7a).

Pérola do tesouro do Concílio

A Igreja como germe e princípio do Reino

"Com efeito, aqueles que, ignorando sem culpa o Evangelho de Cristo, e a sua Igreja, procuram, contudo, a Deus com coração sincero, e se esforçam, sob o influxo da graça, por cumprir a sua vontade, manifestada pelo ditame da consciência, também eles podem alcançar a salvação eterna. Nem a divina Providência nega os auxílios necessários à salvação àqueles que, sem culpa, não chegaram ainda ao conhecimento explícito de Deus e se esforçam, não sem o auxílio da graça, por levar uma vida reta. Tudo o que de bom e verdadeiro neles há, é considerado pela Igreja como preparação para receberem o Evangelho, dado por aquele que ilumina todos os homens, para que possuam finalmente a vida" (*LG* 16a).

Questões para reflexão

1. Em sua comunidade eclesial fala-se do Reino de Deus e tem-se consciência de que não se confunde com a Igreja?

2. Que ações poderiam revelar que uma pessoa está vivendo a fé *de* Jesus, mesmo sem ter fé *em* Jesus?

3. Por que os meios de salvação, dos quais a Igreja é depositária, são meios privilegiados?

14

Do exclusivismo católico ao ecumenismo

> As divisões dos cristãos impedem à Igreja de realizar a plenitude da catolicidade, que lhe é própria (*UR* 4j).

O Concílio Vaticano II, com o decreto *Unitatis Redintegratio*, que trata da relação da Igreja Católica com as demais Igrejas cristãs, fez uma reviravolta na autocompreensão da catolicidade da Igreja, marcando uma descontinuidade com a postura de então. O documento reconhece que há verdadeira Igreja também fora da Igreja Católica (*LG* 8b) e, portanto, a Igreja é "una", mas está dividida, até mesmo com culpa também da Igreja Católica (*UR* 3a). Por isso a Igreja Católica pede perdão a Deus e aos irmãos separados (*UR* 7b).

Assim, buscar restabelecer a unidade da Igreja pela prática do ecumenismo não é algo opcional, mas um imperativo para todo católico (*UR* 5) e um convite às demais Igrejas. O movimento ecumênico, deflagrado décadas antes do Vaticano II, além de estreitar laços entre cristãos das diversas Igrejas, já havia desenvolvido uma profícua reflexão teológica a respeito das divisões entre os cristãos, que o Vaticano II iria acolher e aprofundar.

O exclusivismo católico

Na perspectiva do eclesiocentrismo reinante até o Vaticano II, não somente a Igreja é a única mediação de salvação, como a Igreja Católica é a única Igreja verdadeira. Tanto que a Igreja Ortodoxa, separada da Igreja de Roma em 1054, estava excomungada desde então, da mesma forma que as Igrejas protestantes, oriundas da Reforma de Lutero, na primeira metade do século XVI. Não são Igreja porque são uma heresia cristã.

Na eclesiologia pré-conciliar, a Igreja Católica é a única Igreja que tem a verdadeira interpretação da Bíblia e a verdadeira doutrina. As outras Igrejas, oriundas da ruptura com a Igreja Católica, estão no erro, por isso foram excomungadas e não são Igreja. Sobre as Igrejas protestantes, via de regra, se afirma que elas só têm dois sacramentos, o Batismo e a Eucaristia, com o agravante de não crerem na presença "real" de Jesus Cristo nas espécies do pão e do vinho. A própria declaração *Dominus Iesus*, na perspectiva do gradativo distanciamento do Vaticano II que se instaurou na Cúria Romana depois do pontificado de Paulo VI, ainda afirma que, como as Igrejas oriundas da Reforma "não conservam um válido episcopado e a genuína e íntegra substância do mistério eucarístico", elas não são Igreja, são "comunidades eclesiais": seus fiéis, pelo Batismo, vivem "uma certa comunhão", imperfeita, com a Igreja. Sobre a Igreja Ortodoxa, a mesma declaração afirma que ela tem sucessão apostólica e válida Eucaristia, mas não é verdadeira Igreja por lhe faltar aceitar o Primado (*DI* 17).

Divisão entre os cristãos ou é a Igreja que está dividida?

Na eclesiologia pré-conciliar, apesar do cisma ortodoxo e da Reforma Protestante, não há a consciência de que a Igreja está dividida. A própria *Dominus Iesus*, alinhada com essa perspectiva, afirma que "não há unidade entre os cristãos, mas a Igreja está unida" (*DI* 17), quando, na verdade, o Concílio já se havia perguntado: "O cisma separa somente cristãos da única Igreja ou por motivo dos cismas é a própria Igreja que está dividida?" (ver *UR* 3). Por sua vez, Paulo VI havia falado na Igreja Católica "com um só pulmão", ou sobre os cristãos adorarem um "Cristo dividido".

Em um outro documento da mesma Congregação para a Doutrina da Fé, endereçado aos presidentes de conferências episcopais nacionais – *Nota sobre a expressão "Igreja Irmã"* –, se precisa ainda mais essa demarcação: não se deve designar a Igreja Ortodoxa de "Igreja Irmã", pois daria a entender que existem duas Igrejas, ambas verdadeiras. A Igreja Católica é mãe, não é irmã. Ora, o documento esquece que a expressão "Igreja Irmã" era regularmente utilizada na Antiguidade para designar as Igrejas da Pentarquia (Jerusalém, Antioquia, Alexandria, Constantinopla e Roma). Durante o Concílio, o próprio Patriarca Atenágoras I chamou a Igreja Católica de "irmã", termo que passou a ser usado, até mesmo pelo Magistério, para designar os ortodoxos e os protestantes como "nossos irmãos separados". O próprio Concílio usa com frequência a mesma linguagem.

Vaticano II: a reconstituição de uma Igreja una

O Vaticano II, na declaração *Unitatis Redintegratio*, relaciona unidade da Igreja com profissão da fé no mesmo Cristo:

Pois Cristo Senhor fundou uma só e única Igreja. Todavia, são numerosas as Comunhões cristãs que se apresentam aos homens como a verdadeira herança de Jesus Cristo. Todos, na verdade, se professam discípulos do Senhor, mas têm pareceres diversos e caminham por rumos diferentes, como se o próprio Cristo estivesse dividido (*UR* 1a).

Alguns veem nesta afirmação divisão entre os cristãos, mas não da Igreja. Cabe perguntar se há Igreja independente dos cristãos que a integram. Por isso, para o Concílio, a verdadeira Igreja de Jesus "subsiste" na Igreja Católica, mas não só. A proposição do Esquema Preparatório do Concílio tinha sido "a Igreja de Cristo continua a existir plenamente 'somente' (*solummodo*) na Igreja Católica". Entretanto, a proposição foi rejeitada logo na Primeira Sessão. Na Segunda Sessão, ela voltou e foi novamente rejeitada, substituindo-se o termo *solummodo* por *subsistit in*. Optou-se pela fórmula "a verdadeira Igreja de Jesus Cristo subsiste na Igreja Católica" (*LG* 8b), justamente para dizer que está nela, mas não somente nela.

A declaração *Dominus Iesus*, alinhada à eclesiologia pré-conciliar, à fórmula "a verdadeira Igreja de Jesus Cristo subsiste na Igreja Católica", acrescenta, depois de "subsiste", o termo "plenamente", referindo-se, em outra parte do documento, à unidade em torno do papa (*DI* 17). Entretanto, o Primado não faz parte do Creio, muito menos em configuração jurídica. Não se pode esquecer, conforme recordou o Concílio, que no interior do Cristianismo "existe uma hierarquia de verdades", em torno da qual se rege a unidade da Igreja.

Na perspectiva do Vaticano II, falando do ecumenismo, o Papa João Paulo II é enfático: "Para além dos limites da Comunidade Católica, não existe o vazio eclesial" (*UUS* 12-13), mas a presença operante da Igreja de

Cristo (11). O Concílio evitou nomear quais denominações eclesiais poderiam ser classificadas como "Igreja". Entretanto, reconhece que a Igreja "una" de Jesus está dividida: "Por isso, as Igrejas e Comunidades separadas, embora creiamos que tenham defeitos, de forma alguma estão despojadas de sentido e de significação no mistério da salvação" (*UR* 3).

Um ecumenismo para além do diálogo

A unidade das Igrejas precisa ser buscada e edificada a partir de um diálogo sincero e respeitoso das diferenças, na prática da oração comum (múnus litúrgico), no aprofundamento dos conteúdos da fé, na reflexão teológica e no serviço à humanidade. Os grupos de ecumenismo, bastante presentes nas Igrejas locais e, sobretudo, as organizações eclesiais ecumênicas, nascidas do impulso dado pelo Vaticano II ao ecumenismo, têm mantido a bandeira levantada outrora pelo movimento ecumênico. Entre as iniciativas mais expressivas, a "Semana de Oração pela Unidade dos Cristãos", já cinquentenária, tem aproximado as Igrejas na oração comum. No Brasil, as Campanhas da Fraternidade ecumênicas são outro sinal forte do empenho de diferentes denominações cristãs na busca e efetivação da unidade da Igreja. Assim como o Conselho Nacional de Igrejas Cristãs (Conic), que promove e sustenta estas e outras iniciativas.

Talvez o campo em que menos se avançou e onde tudo começou seja o da reflexão teológica. Além da oração comum e de ações conjuntas, as Igrejas precisam intensificar o diálogo, o estudo e o debate em torno daquelas questões teológicas que deram origem às divisões (*UR* 4b). Quando a reflexão teológica avançar, com surpresa se irá constatar que, entre nós, cristãos, é muito mais o que nos une do que o que nos separa. Ou talvez se dirá o que exclamou o Patriarca Atenágoras, da Igreja Ortodoxa, ao abraçar o Papa Paulo VI: "tudo o que nos separa, são nove séculos de separação". Na base das divisões, há mais mal-entendidos do que sérios motivos para dividir a Igreja, ou pior, para dividir o próprio Cristo.

Pérola do tesouro do Concílio

A verdadeira Igreja subsiste na Igreja Católica

"Esta é a única Igreja de Cristo, que no Credo confessamos ser una, santa, católica e apostólica [...] é na Igreja Católica, governada pelo sucessor de Pedro e pelos Bispos em união com ele, que se encontra, embora, fora da sua comunidade, se encontrem muitos elementos de santificação e de verdade, os quais, por serem dons pertencentes à Igreja de Cristo, impelem para a unidade católica" (*LG* 8b).

O imperativo do ecumenismo

"É, sem dúvida, necessário que os fiéis católicos na empresa ecumênica se preocupem com os irmãos separados, rezando por eles, comunicando com eles sobre assuntos da Igreja, dando os primeiros passos em direção a eles. Sobretudo, porém, examinam com espírito sincero e atento aquelas coisas que na própria família católica devem ser renovadas e realizadas para que a sua vida dê um testemunho mais fiel e luminoso da doutrina e dos ensinamentos recebidos de Cristo, através dos Apóstolos" (*UR* 4e).

Questões para reflexão

1. Qual a diferença entre as Igrejas históricas, oriundas da Reforma Protestante, e os grupos religiosos autônomos de hoje, que se autodenominam Igreja?

2. Você conhece alguma iniciativa de prática do ecumenismo em sua comunidade eclesial ou na diocese?

3. Será possível, um dia, a unidade dos cristãos e das Igrejas?

15

Da única religião verdadeira ao diálogo inter-religioso

> Iniciativas, mesmo religiosas, nas quais de muitos modos se procura a Deus, mesmo às apalpadelas [...], por benigna disposição da providência divina podem ser consideradas como pedagogia para o verdadeiro Deus ou como preparação evangélica (*AG* 3a).

O Concílio Vaticano II, com o decreto *Ad gentes* (sobre a atividade missionária da Igreja) e a declaração *Nostra Aetate* (sobre a relação da Igreja com as religiões não cristãs), fez uma reviravolta na autocompreensão da Igreja, também com relação às religiões não cristãs, marcando mais uma descontinuidade com a situação de então da Igreja. As religiões não cristãs, em momentos da história, satanizadas, agora, são vistas como "pedagogia [...] para o Deus verdadeiro" (*AG* 3a), visão respaldada na teologia dos santos Padres, que o Concílio resgata. Em consequência, se vai recomendar uma evangelização respeitosa da obra de Deus presente também nas religiões não cristãs (*NA* 2b), com o imperativo do diálogo inter-religioso (*NA* 2c), para que as religiões, juntas, possam testemunhar a busca comum do ideal de uma fraternidade universal (*NA* 5a).

Consequente com o espírito do Vaticano II, o Papa João Paulo II teve a ousadia de convidar os líderes das grandes religiões para o "Encontro de Assis". Líderes de todos os quadrantes do universo acorreram a ele, para escândalo do Bispo cismático M. Lefebvre, que viu no evento a gota d'água para proclamar sua separação da Igreja Católica.

Fora do Cristianismo não há religião verdadeira?

Na perspectiva do eclesiocentrismo reinante até o Vaticano II, não só a Igreja é a única mediação de salvação como as religiões não cristãs não têm fé, têm crenças; elas são meras buscas humanas, pois vão ao encontro de Deus, mas Deus nunca foi ao encontro delas, tanto que elas não têm revelação. O mesmo não se poderia dizer dos judeus. Mas, apesar de na Igreja Católica a Bíblia hebraica fazer parte da Bíblia cristã, na Sexta-feira Santa se rezava "pelos pérfidos judeus", ignorando, como diz o Concílio, que eles são "nossos irmãos mais velhos na mesma fé de Abraão" (*NA* 4b). Como argumentava o Bispo M. Lefebvre já na Aula Conciliar, "a legitimação das religiões significa o direito ao erro; mas o erro não pode ter direito".

As religiões como iniciativa de Deus

O Vaticano II, alicerçado na doutrina dos santos Padres que viam nas religiões a presença de "sementes do Verbo" (Justino de Roma, Eusébio de Cesareia), afirma que as religiões não cristãs têm raios daquela mesma luz que brilhou em plenitude em Jesus (*NA* 2b). Concretamente, *Ad Gentes* reconhece a mediação salvífica das demais religiões, dado que as diversas tradições religiosas contêm e oferecem elementos de religiosidade que procedem de Deus (*AG* 11). Pelo Espírito Santo, que é o Espírito de Jesus, as religiões também são caminhos de salvação, que convergem para Jesus (*AG* 3a). A experiência religiosa no seio das tradições não cristãs não se trata de "simples procura de Deus" por parte de fiéis titubeantes, mas é expressão da "procura da humanidade por parte de Deus", iniciativa gratuita tomada por ele, convidando-a a participar da vida divina (*LG* 16a).

Em consequência, como Deus quer a salvação de todos, só pode existir autocomunicação de Deus fora das fronteiras do Cristianismo. Na mesma perspectiva, o documento do Magistério pontifício *Diálogo e Missão* afirma: "As outras tradições religiosas são portadoras de um verdadeiro 'patrimônio espiritual', não podendo ser reduzidas a experiências 'naturais' ou a esforços simplesmente humanos. Elas trazem consigo dons singulares da sabedoria, que o Deus multiforme escondeu na Criação e na história" (*DM* 20).

As religiões como "vias" de salvação

Por isso, na perspectiva do Vaticano II, tudo o que nas religiões não cristãs está de acordo com os valores evangélicos deve ser acolhido como "sementes do Verbo": "[...] familiarizem-se com as suas tradições nacionais e religiosas; façam assomar à luz, com alegria e respeito, as sementes do Verbo neles adormecidas; [...]" (*AG* 11b). O Cristianismo, pelo "evento Jesus Cristo", é depositário da plenitude da Revelação. Entretanto, ter a plenitude da Revelação não significa ter a exclusividade nem ter entendido tudo. Em Jesus Cristo Deus instaurou seu Reino na história e no mundo. Isto, entretanto, não exclui que as outras tradições religiosas sejam verdadeiramente vias através das quais Deus salva todo o gênero humano em seu Filho Jesus.

Na Aliança com Noé, uma aliança cósmica com todas as nações, simbolicamente pode estar a Aliança de Deus com todas as demais tradições religiosas. Na medida em que essas tradições não são só busca de Deus por parte de um povo, mas antes busca dos povos por parte de Deus, pode-se dizer que elas são também "vias" de salvação, pela presença inclusiva na história do mistério de Jesus Cristo:

> Este desígnio universal de Deus para a salvação do gênero humano realiza-se não somente dum modo quase secreto na mente humana, ou por esforços, ainda que religiosos, pelos quais os homens de mil maneiras buscam a Deus a ver se conseguem chegar até ele ou encontrá-lo, embora ele não esteja longe de cada um de nós (cf. At 17,27); [...] estes esforços [...] possam algumas vezes ser considerados como pedagogia ou preparação evangélica para o Deus verdadeiro (*AG* 3a).

É preciso distinguir as distintas modalidades da presença sacramental do mistério de Jesus Cristo, pelo Espírito. A graça de Deus em Jesus Cristo, certamente una, tem distintas mediações em sua visibilidade. Na Igreja, essa graça tem sua plena visibilidade, mas, ainda que implicitamente, ela chega a toda a humanidade, ultrapassando os limites visíveis da Igreja (*AG* 7).

Revelação para além das Escrituras?

Convergente com a *Dei Verbum*, Irineu de Lião atribui a revelação da Palavra de Deus a seu Filho e ao seu Espírito, também para além das Escrituras (*Ad. Haer.* II 28,2; IV 20,6): "[...] desde o princípio, o Pai se revelou a quem quer, quando quer e como quer, por meio de seu Filho, que é sua Palavra" (IV 6,3), a qual está plasmada na Criação, sobretudo no ser humano. Por isso, todos os que creram na Palavra de Deus no Antigo Testamento creram em Cristo e pela fé nele se salvaram (III 16,6). Por sua obediência filial, "nos redime pelo processo de recapitulação" (III 18,6-7; V 16,3).

Com isso, é de se perguntar se a aplicação da categoria "inspiração" só aos textos bíblicos necessariamente exclui a possibilidade de "revelação" fora da Bíblia, dado que as diferentes tradições religiosas "refletem não raramente um raio da verdade que ilumina todos os homens" (*NA* 2). Para Irineu, "o Filho, enquanto Verbo (Palavra do Pai) se manifestou no Antigo Testamento desde a Criação" (IV 6,6), revelação esta que "culminou na encarnação da mesma Palavra". A "encarnação e o mistério pascal" são "o término da obra iniciada desde a Criação" (*Ad. Haer.* V 7,1.13,4).

O diálogo inter-religioso como imperativo cristão

O primeiro ato evangelizador é sempre o respeito à tradição religiosa do outro, como testemunho de acolhida da obra de Deus aí presente, realizada pelo Espírito. Um autêntico diálogo implica radical respeito pelo outro, acolhida reverencial, para além de qualquer atitude de exclusão ou absorção – "de graça recebestes, de graça deveis dar!" (Mt 10,8). O Cristianismo é depositário, pelo evento Jesus Cristo, da plenitude da Revelação (*DV* 4). Entretanto, a contingência do caráter condicionado de toda interpretação põe todos em atitude de busca da Verdade. E, desde esta contingência, nenhuma religião pode se autoconstituir em uma metarreligião. As religiões são, todas, "pontos de vista"; só Deus é o "Ponto" desde onde tudo deve ser olhado e que nenhuma religião é capaz de se apropriar.

Trata-se, então, de situar-se neste metalugar, de sair de si e se colocar em diálogo com todos, incluídas as religiões não cristãs (*NA* 2c), que podem ajudar os cristãos a descobrir o que já têm recebido na Revelação, porém ainda não explicitado. Ter a plenitude da Revelação não significa ter a exclusividade nem ter entendido tudo.

Pérola do tesouro do Concílio

Acolher o que há de verdadeiro nas religiões não cristãs

"A Igreja Católica nada rejeita do que nessas religiões existe de verdadeiro e santo. Olha com sincero respeito esses modos de agir e viver, esses preceitos e doutrinas que, embora se afastem em muitos pontos daqueles que ela própria segue e propõe, todavia, refletem não raramente um raio da verdade que ilumina todos os homens. No entanto, ela anuncia, e tem mesmo obrigação de anunciar incessantemente Cristo, 'caminho, verdade e vida' (Jo 14,6), em quem os homens encontram a plenitude da vida religiosa e no qual Deus reconciliou consigo todas as coisas (cfr. 2Cor 5,18-19)" (*NA* 2b).

"Exorta, por isso, os seus filhos a que, com prudência e caridade, pelo diálogo e colaboração com os sequazes doutras religiões, dando testemunho da vida e fé cristãs, reconheçam, conservem e promovam os bens espirituais e morais e os valores socioculturais que entre eles se encontram" (*NA* 2c).

Questões para reflexão

1. É correto dizer que o Vaticano II coloca todas as religiões em pé de igualdade quando afirma que o Cristianismo é depositário da plenitude da Revelação em Jesus Cristo?

2. O que significa dizer que ter a plenitude da Revelação não significa ter a exclusividade nem ter entendido tudo?

3. Seria importante os cristãos também conhecerem livros sagrados de outras religiões? Por quê?

Considerações finais

A Igreja, sob a ação do Espírito Santo, não desista de renovar a si mesma (*LG* 9).

O Papa Paulo VI, pouco depois do encerramento do Concílio, em 1966, num congresso internacional de teologia sobre o Vaticano II, afirmou: "Um concílio não termina de maneira definitiva com a promulgação dos decretos, pois estes, mais do que um ponto de chegada, são um ponto de partida para novos objetivos". Passados cinquenta anos de sua realização, depois de se ter avançado muito, sobretudo na América Latina, nas últimas décadas, a renovação conciliar tem se mostrado um difícil "ponto de chegada". Sem escrúpulos, há segmentos eclesiais que têm a ousadia de afirmar que o Vaticano II estragou a Igreja.

Entretanto, de maneira inusitada, sobretudo a *Conferência de Aparecida* e o pontificado novo de Francisco têm significado o resgate da renovação conciliar e, mesmo, na perspectiva da "recepção criativa" feita pela Igreja na América latina. Ainda que, como diz *Aparecida*, tenha "[...] faltado coragem, persistência e docilidade à graça de prosseguir, fiel à Igreja de sempre, à renovação iniciada pelo Concílio Vaticano II, [...]" (*DAp* 100h), certos revisionismos e "[...] algumas tentativas de voltar a um certo tipo de eclesiologia e espiritualidade contrárias à renovação do Concílio Vaticano II [...]" (*DAp* 100b) só confirmam o divisor de águas que este *kairós* representa na Igreja. Um divisor de águas que, como vimos, não é ruptura com a tradição da Igreja, mas um passo ousado no resgate das fontes bíblicas e patrísticas, relidas e assumidas no contexto do mundo moderno, contra o qual a Igreja se opunha havia cinco séculos. Por isso o Vaticano II é uma combinação de "continuidade" e "descontinuidade", de fidelidade à tradição, mas também de profunda reforma, na perspectiva da máxima cunhada por Calvino, oriunda dos santos Padres e que o Concílio também faz sua: *Ecclesia semper reformanda* (*UR* 6).

Desde a primeira hora, o impacto do Vaticano II sobre a Igreja na América Latina, foi profundo e consequente. Se por um lado os bispos de nosso continente não foram, como padres conciliares, propriamente "pais" do Vaticano II, contribuindo nos debates e na elaboração de suas conclusões, por outro lado saíram dele como seus melhores "filhos". Sintonizados com suas intuições fundamentais e eixos básicos, mostraram-se dispostos a implementá-lo de modo criativo, seja no continente, seja em suas Igrejas locais. A *Conferência de Medellín* (1968) veio na esteira do Vaticano II, pontualizado no otimismo da *Gaudium et Spes* pela *Populorum Progressio* (1967), que recolhe muito da sensibilidade da Igreja no "Terceiro Mundo" em relação à irrupção dos pobres, que, como sujeitos sociais, precisavam ser igualmente sujeitos eclesiais. Para os atores da *II Conferência do Episcopado Latino-americano*, reunida em Medellín, não se tratava de simplesmente implementar o Concílio, mas de recebê-lo de forma contextualizada, na ótica da opção pelos pobres.

O tempo se encarregaria de mostrar de que se tratava de uma aventura arrojada, permeada de riscos e conflitos, mas, felizmente, também de resultados alvissareiros. Em outras palavras, na fidelidade às intuições e eixos fundamentais do Concílio, com *Medellín* houve "encarnação", diríamos hoje: "inculturação" e "desdobramentos", fazendo do Vaticano II não só um "ponto de chegada', mas especialmente um "ponto de partida" para horizontes mais amplos, tal como queria Paulo VI. Com *Medellín* a Igreja na América Latina deixaria de ser uma "Igreja reflexo" para desencadear um processo de tessitura de um rosto e de uma palavra própria. Na esteira do Vaticano II, ela iria gestar as comunidades eclesiais de base, a leitura popular da Bíblia, a opção pelos pobres, a teologia da libertação e a pastoral social, entre outros, que contribuiriam com a inserção dos cristãos na sociedade, em perspectiva libertadora, cujos frutos se pode visualizar também na constelação dos mártires das causas sociais.

O pontificado novo de um papa latino-americano, que bebe dessa tradição eclesial forjada na periferia e na incompreensão, tem significado um novo alento para aqueles que estão empenhados em fazer do Vaticano II um "ponto de partida". Tal como tinha sido, pouco antes de sua eleição, a *Conferência de Aparecida*. A história caminha a passos rápidos e a Igreja não pode novamente colocar-se em descompasso com ela. Como disse o Vaticano II, o Povo de Deus peregrina no seio de uma humanidade toda ela peregrinante. E o destino do Povo de Deus não é diferente do destino da humanidade: "Deste modo, a Igreja, simultaneamente 'agrupamento visível e comunidade espiritual', caminha juntamente com toda a humanidade, participa da mesma sorte terrena do mundo [...]" (*GS* 40c).

Diante dos novos desafios a enfrentar, para que a Igreja continue fazendo caminho nas sendas abertas pelo Vaticano II o Papa Francisco, reformador incômodo, tem denunciado a tentação de uma Igreja autorreferenciada consigo mesma. Uma Igreja autorreferencial nos remete ao apóstolo Pedro, no monte Tabor: "Vamos fazer três tendas...". Diz o Evangelho que Pedro reagiu assim porque "não sabia o que devia falar, pois eles estavam tomados de medo" (Mc 9,6). Sem dúvida, um retrato da Igreja de todos os tempos e, particularmente, dos tempos atuais. Entretanto, o Pedro do monte Tabor é o mesmo Pedro convertido de Cesareia, a cidade portuária do Mediterrâneo, que a Bíblia denomina de "grande mar" (Ez 47,10). Pedro havia sido pescador no "pequeno mar" da Galileia, onde nunca se perde de vista suas margens. Mas, agora, impulsionado pelo Espírito, para aquele mesmo Pedro que teve medo e afundava no "pequeno mar" da Galileia é chegado o momento de, juntamente com Paulo, atravessar "o grande mar" dos limites desconhecidos. E, mesmo com sua parca bagagem de pescador, decide afrontar o mundo da cultura helênica e o poder romano.

A Igreja, que sempre se reconheceu no Simão do Tabor, sobretudo nos dias atuais, está chamada a seguir os passos do Pedro que parte de Cesareia. Está desafiada a continuar afrontando, como fez o Vaticano II, o grande mar aparentemente hostil da sociedade secular, da autonomia do temporal, da razão autônoma e da miséria que suga a vida de dois terços da humanidade. Parecia que a renovação do Vaticano II era irreversível. Mas voltaram o medo do mundo moderno, posturas inquisidoras e defensivas diante dos valores da Modernidade, que vão dos direitos humanos à liberdade religiosa. Volta a nostalgia da clareza e da uniformidade que proporcionava a cultura pré-Moderna, bem como do lugar privilegiado que a Igreja ocupava na Cristandade. Sem medo e preconceitos, o contexto atual desafia a Igreja a respeitar a autonomia do ser humano e a liberdade de consciência, no seio de uma sociedade pluralista. Na postura de certos segmentos da Igreja, hoje, apresenta-se a ilusão de uma "subcultura eclesiástica", de fazer o próprio mundo, separado do mundo. Essa tentação do gueto se expressa na desconfiança de uma reflexão teológica, exercida com o rigor e a liberdade requeridos pela racionalidade moderna.

É preciso vencer o medo e continuar a viagem, atravessar o "grande mar" do projeto civilizacional moderno em profundas mudanças, com humildade, capacidade de escuta, diálogo e busca em comum. Como nos advertiu a *Gaudium et Spes* (n. 33), a Igreja não tem todas as respostas aos desafios do mundo de hoje. Mas, iluminada pela fé e sob o dinamismo do Espírito, se propõe a buscar respostas juntamente com todas as pessoas de boa vontade. Diante da complexidade dos problemas atuais, não pode haver senão propostas modestas, sem pretensões absolutas.

Em resumo: não podemos perder de vista que vivemos um tempo mais de buscas do que de sínteses, mais ingente à criatividade do que ao plágio e à repetição. Debatemo-nos, todos, entre a aventura do risco do novo ou o refúgio nas obsoletas seguranças de um passado sem retorno. De nada valem nostalgias restauradoras ou a "volta à grande disciplina" (J. B. Libanio), muito menos pretensões de totalitarização ideológica, tributária da mentalidade de Cristandade. É claro que, em se tratando da herança cristã, em meio ao relativismo moral e religioso reinante, impõe-se salvaguardar a autenticidade originária, a experiência fundante. Entretanto, a fidelidade autêntica não se exerce desde o medo, mas desde a "a audácia de tecer do risco" (K. Rahner). A coragem de renovação é a única garantia de futuro.

Referências

ALBERIGO, G. *Ângelo José Roncalli, João XXIII*. São Paulo: Paulinas, 2000.

_____. *Breve história do Concílio Vaticano II*. Aparecida: Ed. Santuário, 2006.

_____ (ed.). *Historia de los concilios ecuménicos*. Salamanca: Sígueme, 1993.

_____; JOSSUA, J.-P. *La Réception du Vatican II*. Paris: Les Editions du Cerf, 1985.

ALMEIDA, Antônio José de. *ABC do Concílio Vaticano II*. São Paulo: Paulinas, 2015.

_____. *Lumen Gentium;* a transição necessária. São Paulo: Paulus, 2005.

BARAÚNA, G. (org.). *A Igreja no mundo de hoje*. Petrópolis: Vozes, 1967.

_____ (org.). *A sagrada liturgia renovada pelo concílio*. Petrópolis: Vozes, 1964.

BEOZZO, José Oscar. *A Igreja do Brasil no Concílio Vaticano II (1959-1965)*. São Paulo: Paulinas, 2005.

_____. O Concílio Vaticano II: etapa preparatória. In: LORSCHEIDER, A. et al. *Vaticano II. 40 anos depois*. São Paulo: Paulus, 2005. **p. 9-37.**

CASTILLO, José María. *La Iglesia que quiso el concilio*. Madrid: PPC, 2001.

COMPÊNDIO DO VATICANO II. Constituições, decretos, declarações. 9. ed. Petrópolis: Vozes, 1975.

FAGGIOLI, Massimo. *Il vescovo e il concilio*. Modello espiscopale e aggiornamento al Vaticano II. Bologna: Il Mulino, 2005.

GAUTHIER, P. *O concílio e a Igreja dos pobres*. Petrópolis: Vozes, 1967.

HEBBLETHWAITE, Peter. *Juan XXIII, el papa del concilio*. Madrid: PPC, 2000 (1. ed. em inglês: 1993).

JUAN XXIII. Discurso de apertura del Concilio Vaticano II. *AAS* 54 (1962) 791–792.

KLOPPENBURG, Frei Boaventura. *Concílio Vaticano II*. Petrópolis: Vozes, 1962. Vol. I-IV.

_____. O pacto da Igreja serva e pobre. In: *Concílio Vaticano II*. Petrópolis: Vozes, 1966. Vol. V - Quarta Sessão (set.-dez. 1965), p. 526-528.

LEFEBVRE, Marcel. *J'accuse le Concile!* Martigny: Saint-Gabriel, 1976.

LIBANIO, J. B. *Concílio Vaticano II;* em busca de uma primeira compreensão. São Paulo: Loyola, 2005.

LOPES GONÇALVES, Paulo César; BOMBONATO, Vera Ivanise. *Concílio Vaticano II*. Análise e perspectivas. São Paulo: Paulinas, 2004.

LORSCHEIDER, Aloísio et al. *Vaticano II;* 40 anos depois. São Paulo: Paulus, 2005.

MARÍN DE SAN MARTÍN, Luis. *Juan XXIII*. Retrato eclesiológico. Barcelona: Herder, 1998.

O'MALLEY, J. *O que aconteceu no Vaticano II?* São Paulo: Loyola, 2014.

QUEIRUGA, A. T. *A teologia depois do Vaticano II*. Diagnóstico e propostas. São Paulo: Paulinas, 2015.

RAHNER, Karl. Interpretazione teologica fondamentale del Concilio Vaticano II. In: RAHNER, Karl. *Sollecitudine per la Chiesa*. Roma: Paoline, 1982.

SCATENA, Silvia; GIRA, Dennis; SOBRINO, Jon; BINGEMER, María Clara (eds.). Vaticano II: 50 años después. *Concilium* 346, Estella: Editorial Verbo Divino, junio 2012.

SCHICKENDANTZ, Carlos. Las investigaciones históricas sobre el Vaticano II. Estado de la cuestión y perspectivas de trabajo. *Teología y Vida* 55/1 (2014) 122-138.

THILS, Gustav. En pleine fidélité au concile du Vatican II. *Le foi et le temp* 10 (1980) 279-280.

TILLARD, J.-M. *Église d'Églises.* L'Ecclésiologie de communion. Paris: Cerf, 1987.

_____. *L'Église locale;* ecclésiologie de communion et catholicité. Paris: Cerf, 1995.

VIGIL, J. M. *Vivendo o concílio.* São Paulo: Paulinas, 1987.

Impresso na gráfica da
Pia Sociedade Filhas de São Paulo
Via Raposo Tavares, km 19,145
05577-300 - São Paulo, SP - Brasil - 2016